# Introduction

Tu l'as sans doute déjà vécu.

Une discussion qui démarre tranfé, d'un repas de famille ou sur F ès qu'apparaissent les phrases mag
- « C'est la faute des riches. »
- « Il faut accueillir tout le monde. »
- « La police tue. »
- « On devrait tous prendre le vélo. »

Et là, deux choix s'offrent à toi :

- Tu te tais, pour "éviter le conflit", en serrant les dents.
- Ou tu oses répondre... mais tu te fais vite écraser par une avalanche de slogans et de postures morales.

Résultat : ton interlocuteur croit avoir gagné, et toi tu passes pour l'ignoble capitaliste/réactionnaire/mangeur d'enfants.

Ce livre est là pour changer ça.


Pourquoi ce manuel existe

Parce qu'on en a marre de perdre des débats face à des clichés.

Les arguments de gauche fonctionnent souvent comme des formules magiques : simples, émotionnels, impossibles à contredire sans passer pour "méchant".

Mais derrière chaque slogan se cache une faiblesse. Et c'est précisément ce que tu vas découvrir : comment démonter ces phrases toutes faites avec un mélange de bon sens, de faits chiffrés et d'un peu de sarcasme.

## Ce que tu vas trouver

50 phrases typiques des gauchistes, bobos et écolos, soigneusement décortiquées.

Pour chacune :
- Pourquoi ça séduit tant.
- Ce que ça oublie (ou cache).
- Des arguments simples, concrets et percutants.
- Des questions qui déstabilisent ton interlocuteur.

Le tout expliqué sur un ton clair et piquant, avec quelques punchlines pour le plaisir.

## Mode d'emploi

Pas besoin d'avoir fait Sciences Po ni d'avoir lu Le Capital en entier. Ce livre est pensé pour être utilisé comme un manuel de survie.

Chaque chapitre tient sur une double page : tu lis, tu retiens, et tu es prêt à dégainer au prochain dîner de famille, barbecue ou débat improvisé au boulot.

## Une dernière mise en garde

Attention : ce livre peut provoquer des disputes animées, des regards noirs et des "je ne t'adresse plus la parole !".

Mais il peut aussi t'offrir le luxe de voir ton adversaire bredouiller, coincé par ses propres contradictions.

Alors prépare-toi.

Les clichés gauchistes n'ont qu'à bien se tenir.

# « L'argent, c'est sale. »

Ah, cette phrase... On dirait une réplique de grand-mère communiste en train de trier ses coupons de rationnement. Selon ce cliché, posséder de l'argent, en vouloir plus ou même en parler, serait indécent. L'argent serait le fruit de l'exploitation, un symbole de corruption, bref : une saleté morale.

<u>Pourquoi cet argument séduit ?</u>

Parce que c'est rassurant. Si on pense que l'argent est sale, alors ne pas en avoir devient une vertu. Plus besoin de se casser la tête à chercher à gagner plus, à entreprendre ou à investir. On est "propre" simplement en restant pauvre. C'est une forme d'hygiène idéologique : on évite le contact avec l'argent et on se sent supérieur moralement.

<u>Pourquoi ça ne tient pas debout ?</u>

La réalité, c'est que l'argent n'est pas sale. C'est un outil. Ni plus, ni moins. C'est un moyen d'échange qui permet de mesurer la valeur et de faciliter les transactions. Blâmer l'argent en lui-même, c'est comme accuser le couteau d'être coupable d'un crime — alors qu'il sert aussi à couper du pain.

Ensuite, dire que l'argent corrompt tout est une demi-vérité paresseuse. Oui, il existe des excès, de la corruption, des fortunes douteuses. Mais il existe aussi des fortunes construites sur l'innovation, le travail acharné, la prise de risque. Les entreprises qui ont inventé les vaccins contre le COVID, les voitures électriques ou la micro-informatique ont créé des richesses... et sauvé des vies. Pas très "sale", tout ça.

Ajoutons que l'argent sert aussi à financer la solidarité que ces mêmes critiques défendent : impôts, cotisations sociales, dons aux associations.

En France, les 10 % les plus riches financent déjà plus de 70 % de l'impôt sur le revenu (source : ministère des Finances). Si l'argent était si "sale", comment l'État financerait-il les hôpitaux, les écoles et même les subventions aux associations qui brandissent ces slogans ?

Bref, l'argent ne "salit" pas, il révèle surtout ce que chacun en fait : financer des projets utiles ou s'acheter une cinquième villa à Ibiza. Ce n'est pas l'argent qui est sale, c'est parfois l'usage qu'on en fait.

Questions à poser pour déstabiliser

1. « Si l'argent est sale, pourquoi tu touches ton salaire sans te laver les mains derrière ? »
2. « Tu penses qu'un médecin qui gagne bien sa vie en sauvant des vies fait quelque chose de sale ? »
3. « Si l'argent est sale, pourquoi les associations que tu soutiens demandent-elles... des dons ? »
4. « Comment l'État financerait-il l'école gratuite et la Sécu sans les impôts des "sales riches" ? »

# « Les riches ne paient pas d'impôts. »

Oui, tu as bien entendu. Voilà un autre classique sur lequel beaucoup rêvent : "les riches ne paient rien". C'est une accusation spectaculaire, parfaite pour faire monter la tension — mais est-elle vraie ? Spoiler : ça dépend de ce qu'on appelle "riche", et surtout comment on regarde les impôts.

## Pourquoi cet argument est un mirage ?

Dire que les riches "ne paient pas d'impôts" confond deux idées : ce qu'ils pourraient payer et ce qu'ils paient effectivement.

Première nuance : pour beaucoup de très gros patrimoines, la richesse est en actifs immobilisés (actions non distribuées, holdings, biens non liquides). Ces actifs ne génèrent pas forcément un "revenu salarial" imposable. Par exemple, une personne peut posséder une entreprise florissante, mais ne pas se verser de dividendes ni de salaire ; dans ce cas, sa richesse "monte" sans qu'elle verse d'impôt sur le revenu équivalent à ce gain virtuel.

Ensuite, il y a les techniques d'optimisation fiscale légales — ce qu'on appelle « l'optimisation » plutôt que la pure fraude. Les plus riches peuvent utiliser des montages financiers : filiales à l'étranger, prix de transfert, usages de déficits reportables, abattements, démembrement d'actifs, etc. Ces dispositifs ne sont pas illégaux, mais ils réduisent le montant final qu'ils versent.

Ce qu'une étude de l'Observatoire des inégalités ou d'ATTAC montre : parmi les 0,1 % les plus riches, le taux effectif global d'imposition (IR, impôts sur le patrimoine, prélèvements sociaux) diminue pour les ultra-fortunes — certains d'entre eux tombent dans des tranches autour de 26 % au lieu de 46 % ou plus.

En d'autres termes, ceux qui accumulent le plus gros patrimoine trouvent souvent des échappatoires pour ne pas être imposés au même taux qu'un salarié ou un artisan.

Il faut aussi noter qu'un impôt ne se "voit" pas tout de suite : les plus-values latentes (la montée de valeur d'un actif qu'on ne vend pas) ne sont pas taxées jusqu'à ce qu'on cède. Ce qui donne l'impression que "rien n'est payé".

Enfin, certains n'imposent pas directement sur le "revenu global économique". L'IPP (Institut des politiques publiques) note que si on appliquait aux 0,0002 % les plus riches le barème progressif "personnel" à l'ensemble de leurs revenus économiques, leur taux augmenterait beaucoup — ce qui montre que le système fiscal tel qu'il est ne les oblige pas à payer ce qu'on pourrait attendre.

Donc non, les riches ne "ne paient pas" absolument d'impôts — mais beaucoup paient moins que ce que leur richesse permettrait dans un système sans échappatoire.

<u>Questions à poser pour déstabiliser</u>

1. « OK, quand tu dis "ne paient pas", tu parles de quel type d'impôt ? Revenu, fortune, plus-values, impôt sur les sociétés ? »
2. « Tu crois vraiment que tous ces montages financiers sont du domaine du fantasme ? As-tu déjà entendu parler de holdings, prix de transfert ou abattements ? »
3. « Si tu imposes à 100 % les revenus des ultra-riches, tu vas récupérer quoi exactement ? Et quels impacts économiques ? »

Ces questions forcent ton interlocuteur à sortir du slogan et à entrer dans le réel — où souvent, les contradictions apparaissent.

# « Il faut taxer les superprofits. »

Ah, le mot magique : superprofit. C'est un peu comme un Pokémon fiscal — personne ne sait vraiment à quoi ça ressemble, mais tout le monde veut en capturer un. C'est devenu le slogan préféré de certains militants : dès qu'une entreprise gagne "trop", c'est forcément suspect et ça doit finir dans les caisses de l'État.

<u>Pourquoi cet argument séduit ?</u>

C'est simple et émotionnel : les superprofits, c'est l'image du grand patron qui se gave pendant que toi tu comptes tes centimes à la pompe. Il n'y a pas besoin de définition ni d'analyse économique. Le "super" parle de lui-même : si c'est "super", ça doit être "trop". L'ennemi est identifié, la solution magique aussi : taxons et redistribuons.

<u>Pourquoi ça ne tient pas debout ?</u>

Le problème, c'est que personne n'arrive à définir ce qu'est un "superprofit". Un bénéfice "normal", ça va jusqu'où ? 5 % de marge ? 10 % ? 20 % ? Et dans quel secteur ? Une entreprise qui fait 20 % de marge dans la tech, c'est banal. Dans la grande distribution, c'est presque un miracle.

Ensuite, taxer les bénéfices exceptionnels n'est pas neutre. Si tu punis les entreprises qui réussissent quand le marché leur est favorable, tu envoies un message simple : "Ne gagnez pas trop, sinon on vous le prend." Résultat : moins d'investissement, moins d'emplois créés, et une fuite vers des pays fiscalement plus attractifs.

Regarde l'exemple de TotalEnergies en France : accusée de faire des superprofits avec la flambée des prix de l'énergie, l'entreprise a déjà payé plus de 30 milliards d'euros d'impôts et taxes en 2022 dans le monde, dont 7 milliards rien qu'en France (source : TotalEnergies, rapport 2022).

Quand on rajoute une "taxe exceptionnelle", ça pèse encore plus sur sa compétitivité face à Exxon ou Shell, installés ailleurs.

Enfin, l'État français n'est pas exactement un modèle d'efficacité budgétaire. Croire qu'un impôt supplémentaire va mécaniquement améliorer ton quotidien, c'est oublier qu'entre la taxe et ton pouvoir d'achat, il y a une machine administrative qui brûle beaucoup d'essence.

Questions à poser pour déstabiliser

1. « C'est quoi, exactement, un superprofit ? Donne-moi un seuil chiffré. »
2. « Pourquoi une entreprise devrait prendre le risque quand ça va mal, mais ne pas profiter quand ça va bien ? »
3. « Tu crois que Total, LVMH ou d'autres vont rester en France par charité si on leur confisque leurs bénéfices ? »
4. « Si l'État gérait bien ses milliards, pourquoi on aurait encore 3 000 milliards de dette publique ? »

## « C'est la faute des riches. »

Ah, le grand classique. Cette phrase est un cliché : un mantra mille fois ressassé par l'assemblée des indignés de salon. Mais pourquoi les « gens de gauche » aiment tant ce slogan ? Parce que ça simplifie tout : les riches sont les méchants, le pauvre est la victime, et hop, on n'a plus besoin de réfléchir. C'est commode.

Ils l'adorent parce que ça délègue la responsabilité — "oui, c'est la faute de quelqu'un d'autre" — et ça fait croire qu'en taxant plus fort les riches, tout s'arrange. Peu importe comment, peu importe les conséquences.

### Pourquoi cet argument tient mal la route ?

Dire que tout est "la faute des riches" revient à expliquer un orage par « l'orage ». C'est une réponse émotionnelle, pas une analyse causale. Pour casser proprement ce cliché il faut faire tomber plusieurs idées reçues colmatées derrière la formule.

D'abord, la notion de « riche » est floue et politiquement commode. Sans définir précisément de qui on parle, on peut regretter n'importe quoi. Est-on en train de blâmer un entrepreneur qui a créé des emplois, un héritier assis sur des actifs non liquides, ou un cadre qui gagne bien sa vie ? Les politiques publiques sérieuses commencent toujours par définir les périmètres ; les slogans, eux, évitent ce travail pénible.

Ensuite, richesse ne veut pas dire « liquide et distribuable ». Une grande partie du patrimoine mondial est immobilisée en immobilier, entreprises non cotées, parts, œuvres d'art... Ce ne sont pas des billets qui tombent du ciel quand on augmente un taux d'imposition. Taxer « la richesse » sans tenir compte de la liquidité, des incitations et des conséquences peut conduire à asphyxier l'investissement local, pousser les entrepreneurs à délocaliser ou freiner la prise de risque nécessaire à l'innovation.

Par ailleurs, le discours oublie souvent les limites de la redistribution. Oui, l'impôt finance des services, mais il y a des rendements décroissants et des inefficacités dans la gestion publique. S'indigner qu'un pan de richesse existe sans se poser la question de l'efficacité des dépenses publiques, c'est construire une maison en blâmant la brique.

Enfin, accuser les riches évite une introspection sur d'autres responsabilités : choix politiques passés, mauvaise gestion, rigidités du marché du travail, réglementation étouffante, échec scolaire, ou même l'absence de stratégie industrielle. Le vrai débat n'est pas « faut-il haïr le riche ? », mais « quelles politiques publiques fonctionnent pour améliorer les conditions de vie sans tuer la capacité productive du pays ? ».

<u>Questions à poser pour déstabiliser</u>

Utilise ces questions courtes pour forcer ton interlocuteur à préciser — la confusion est son alliée, la précision est la tienne.

1. « D'accord, à quel seuil tu appelles "riche" ? Donne-moi un chiffre précis. »
2. « Tu veux taxer quoi exactement : le revenu, le patrimoine, les plus-values latentes ? Et comment on récupère l'argent quand l'actif n'est pas liquide ? »
3. « Et si on taxe tellement que l'entrepreneur s'en va ? Qui va créer des emplois ici ? »
4. « Tu penses que l'État dépense chaque euro de façon optimale ? Si oui, tu as des exemples précis. Si non, pourquoi d'abord ne pas améliorer la dépense publique ? »
5. « Tu veux une réponse immédiate : 100 % d'imposition sur les riches — et ensuite ? On vit d'espoir ? »

Pour chaque question : laisse ton interlocuteur parler, note les contradictions, puis renvoie une courte observation chiffrée ou factuelle pour clouer le bec.

## « Les patrons exploitent leurs employés. »

Ah, ce vieux refrain marxiste qui a traversé les âges comme une chanson de manif mal accordée. Selon ce cliché, le patron est un vampire : il suce la sueur de ses employés pour se remplir les poches, en exploitant sans vergogne leur travail.

### Pourquoi cet argument séduit

Parce que ça flatte un sentiment universel : celui d'être sous-payé et incompris. Tout le monde a déjà pensé que son patron en faisait moins et gagnait plus. C'est donc un cliché qui marche sans effort, surtout dans un pays comme la France où "patron" est presque une insulte.

### Pourquoi ça ne tient pas debout

Bien sûr, il existe de mauvais patrons, tyranniques ou radins. Mais réduire toute la relation de travail à une exploitation systématique est une caricature.

D'abord, un patron n'est pas un parasite accroché à la société : c'est souvent celui qui prend le risque initial. Sans lui, pas de boîte, pas de locaux, pas de fiches de paie. Si l'entreprise échoue, c'est lui qui assume les dettes, pas l'employé.

Ensuite, parler d'"exploitation" en France, c'est oublier que le Code du travail fait 3 500 pages, que les syndicats sont puissants, et que l'inspection du travail veille au grain. On est loin des mines de charbon du XIXe siècle. Les salariés bénéficient de 5 semaines de congés payés, de 35 heures, du SMIC, de la Sécu et de conventions collectives. Si c'est ça l'exploitation, elle est plutôt confortable par rapport à la moyenne mondiale.

Ajoutons un chiffre : en France, la part des salaires dans la valeur ajoutée des entreprises est d'environ 66 % (source : INSEE).

Autrement dit, deux tiers de la richesse produite par les entreprises reviennent directement aux employés. Le reste sert à payer les impôts, les charges, l'investissement et... parfois, oui, les dividendes. Mais l'idée que les patrons "volent" l'essentiel des richesses est factuellement fausse.

<u>Questions à poser pour déstabiliser ?</u>

- « Tu crois qu'une entreprise sans patron, ça marche comment ? Qui prend le risque ? »
- « Exploitation ? Tu veux dire avec 5 semaines de vacances, la Sécu et des RTT ? »
- « Tu sais quelle part des richesses créées va déjà aux salariés ? (Indice : environ deux tiers.) »
- « Si les patrons exploitent toujours, pourquoi tant de salariés rêvent de devenir... patrons ? »

# « Les milliardaires n'ont pas besoin de tout cet argent. »

Ah, la rengaine préférée des indignés du dimanche. Selon ce cliché, dès qu'on dépasse le seuil de la piscine chauffée et de la Tesla, chaque euro supplémentaire est forcément inutile. Comme si les milliardaires dormaient littéralement sur des montagnes de billets qu'ils refusent de partager par pur vice.

## Pourquoi cet argument séduit

Parce que ça joue sur l'émotion. Quand on galère pour finir le mois, voir quelqu'un posséder une fortune astronomique paraît indécent. On projette notre quotidien sur une échelle qu'on n'imagine même pas, et ça devient vite absurde : "Mais pourquoi il lui faut 200 milliards, il ne pourra jamais tout dépenser !"

En somme, c'est un mélange d'envie, de frustration et de morale simplifiée : "il a trop, donc il doit rendre."

## Pourquoi ça ne tient pas debout

D'abord, les milliardaires ne gardent pas des coffres remplis de cash comme Picsou. La majeure partie de leur fortune est constituée d'actions, de parts d'entreprises, d'investissements. Si Bernard Arnault vendait tout LVMH pour faire des chèques, ce n'est pas sa fortune qui diminuerait : c'est tout un empire industriel qui s'effondrerait avec des dizaines de milliers d'emplois.

Ensuite, il faut comprendre que cette richesse n'est pas "disponible" pour acheter des croissants. Elle est investie, et c'est précisément ce qui finance l'innovation, la croissance, la recherche. Sans fortunes colossales, pas de SpaceX, pas de Tesla, pas de vaccins développés en un temps record. Croire que tout cet argent dort est une erreur de perspective.

De plus, la plupart de ces grandes fortunes paient déjà énormément d'impôts, même si certains trouvent des échappatoires. Selon l'Institut des Politiques Publiques, les 0,1 % les plus riches en France sont imposés à plus de 40 % sur leurs revenus effectifs (IPP, 2022). Pas vraiment l'image d'une planque intégrale.

Enfin, dire qu'"ils n'ont pas besoin de tout cet argent" est un raisonnement glissant. Qui décide de ce dont tu as besoin ? Le voisin ? L'État ? Si on commence à définir arbitrairement les "besoins", alors personne n'est à l'abri : ton smartphone, ton deuxième écran, ton abonnement Netflix… pour certains, c'est déjà du "trop".

Questions à poser pour déstabiliser

1. « C'est quoi, selon toi, le montant exact dont quelqu'un a "besoin" ? Tu fixes la limite où ? »
2. « Si un milliardaire investit ses milliards dans une entreprise qui crée 100 000 emplois, tu penses qu'il a "trop" d'argent ou que c'est utile ? »
3. « Tu crois vraiment que les fortunes sont des coffres remplis de cash ? Tu sais que 90 % de ces sommes sont en actions et parts d'entreprises ? »
4. « Si on prend tout à un milliardaire, qu'est-ce qu'on fait le lendemain quand il n'y a plus d'investissement ? »

## « Il faut partager les richesses. »

Ah, le slogan préféré des pancartes en carton recyclé. Simple, efficace, moralement indiscutable : partager, c'est bien. Donc, si tu es contre, tu es forcément un égoïste. Voilà pourquoi ce cliché fonctionne si bien : il ne décrit pas un mécanisme économique, il assène une valeur morale.

<u>Pourquoi cette phrase plaît autant ?</u>

Elle séduit parce qu'elle flatte la morale : qui oserait être contre le partage ? L'image est simple, enfantine : un gros gâteau coupé en parts égales. Si tu contestes, tu passes pour le type radin qui veut tout garder pour lui. Pas très valorisant dans une discussion de comptoir.

<u>Ce que cette vision oublie</u>

Le problème, c'est que la richesse n'est pas un gâteau figé. Elle se crée, elle grandit, elle disparaît. Redistribuer sans distinction, c'est un peu comme découper une tarte sans se demander qui a planté les pommiers, ramassé les fruits et allumé le four.

En France, plus de la moitié des richesses créées passent déjà par la redistribution publique : environ 57 % du PIB est capté et dépensé par l'État (INSEE). Autrement dit, on n'est pas vraiment dans un pays où chacun garde jalousement ses richesses dans un coffre-fort.

Et puis, il y a une question qui pique : si tu es Français, tu fais probablement partie des 10 % les plus riches de la planète en termes de revenu et de niveau de vie (World Bank, données globales). Alors pourquoi tu ne partages pas tes richesses avec un paysan du Niger ou un ouvrier du Bangladesh ? Pourquoi ce "partage" ne devrait-il concerner que Bernard Arnault, mais jamais toi ?

C'est là que le slogan s'effondre : il est confortable tant qu'il désigne un autre comme responsable. Mais dès qu'on l'applique à soi-même, il devient beaucoup moins populaire.

<u>Questions qui retournent la situation</u>

1. « Tu veux partager ? D'accord, combien de ton salaire tu envoies chaque mois à quelqu'un de plus pauvre que toi, en Afrique ou en Asie ? »
2. « Tu sais qu'en France, on redistribue déjà plus de la moitié des richesses créées ? Tu veux pousser jusqu'où ? 70 %, 80 %, 100 % ? »
3. « Si un entrepreneur qui bosse 80 heures par semaine doit toucher la même chose qu'un autre qui fait le minimum syndical, qui prendra encore le risque de se lancer ? »
4. « Et si on coupe le gâteau en 10 parts égales mais qu'il n'y a plus personne pour en cuisiner, tu manges quoi demain ? »

L'idée de partager les richesses paraît noble. Mais appliquée sans nuance, elle n'encourage pas la création : elle encourage la jalousie et la paresse. Et souvent, ceux qui scandent ce slogan oublient qu'eux-mêmes font partie des privilégiés à l'échelle mondiale.

# « La fraude aux aides sociales n'est pas grave. »

C'est un classique servi par ceux qui refusent d'ouvrir le dossier. L'argument : la fraude sociale serait "marginale", presque anecdotique, surtout si on la compare à la fraude fiscale. En gros : inutile d'en faire tout un plat, ça ne pèserait pas vraiment dans les comptes publics.

### Pourquoi cet argument plaît

Parce qu'il minimise un sujet explosif. Ça permet de balayer d'un revers de main les critiques en disant : "vous exagérez, la vraie fraude, c'est chez les riches, pas chez les allocataires." On transforme ainsi un problème bien réel en polémique artificielle, histoire d'éviter le débat.

### Ce que ça oublie soigneusement

D'abord, les chiffres ne sont pas anecdotiques. La Cour des comptes estime la fraude aux prestations sociales à environ 3 à 5 milliards d'euros par an, et la fraude aux cotisations sociales à plus de 8 milliards (Cour des comptes, 2022). Ça fait un joli paquet de milliards qui ne vont pas dans les hôpitaux, les retraites ou l'éducation.

Ensuite, dire que "ce n'est pas grave" est un affront à ceux qui paient leurs impôts et cotisations sans tricher. Pour un salarié au SMIC, chaque euro compte. Alors quand on apprend que certains touchent indûment RSA, allocations logement ou prestations familiales, difficile de dire que c'est "pas grave".

De plus, la comparaison avec la fraude fiscale est un écran de fumée. Oui, la fraude fiscale existe, mais pourquoi faudrait-il fermer les yeux sur l'une sous prétexte que l'autre est plus grosse ? C'est comme dire : "ne volez pas la banque, mais voler un peu au distributeur, ce n'est pas grave."

Enfin, banaliser la fraude sociale entretient la défiance envers le système. Résultat : ceux qui bossent et cotisent finissent par penser que tout est truqué, ce qui alimente le rejet des aides et la colère sociale.

Questions qui coincent

1. « Si 5 milliards volés par an, ce n'est pas grave, tu veux qu'on les prenne où ? Dans les hôpitaux ou dans les écoles ? »
2. « Tu trouves normal de payer pendant que d'autres trichent ? »
3. « Tu crois que minimiser la fraude sociale, ça renforce ou ça détruit la confiance dans le système ? »
4. « Si voler un peu n'est pas grave, pourquoi tu t'arrêtes à la fraude sociale ? On légalise aussi les petits cambriolages ? »

La fraude sociale n'est pas marginale, et surtout pas "pas grave". Elle mine la confiance dans le système, coûte des milliards et creuse encore plus la fracture entre ceux qui cotisent et ceux qui profitent.

## « On devrait nationaliser les entreprises. »

Voilà le fantasme de beaucoup de gauchistes : si l'État gérait directement toutes les grandes entreprises, le monde deviendrait enfin juste et équitable. EDF, Total, les banques, pourquoi pas Carrefour et Amazon pendant qu'on y est ? Dans ce rêve éveillé, la nationalisation serait l'arme miracle contre l'injustice sociale.

<u>Pourquoi cette idée plaît ?</u>

Parce qu'elle donne l'illusion du contrôle. L'État, c'est "nous", donc si l'État détient les entreprises, on se dit que ce sera forcément pour le bien commun. Plus de profits "indus", plus de patrons "méchants", juste une grande maison commune où tout le monde bosse main dans la main pour l'intérêt général. Sur le papier, ça sonne presque poétique.

<u>La réalité est un peu moins belle</u>

Nationaliser à tout-va, c'est oublier une évidence : l'État n'est pas magicien. Quand il gère une entreprise, il ne la transforme pas en modèle de vertu. Il la transforme souvent en gouffre financier. Les exemples ne manquent pas : la SNCF engloutit chaque année des milliards d'euros de subventions et affiche toujours une dette colossale ; EDF croule sous une dette de plus de 60 milliards d'euros malgré son statut public.

Et surtout, croire que seul l'État peut bien gérer, c'est oublier que derrière chaque service public, il y a déjà des individus, des entreprises, des innovations privées. Les hôpitaux fonctionnent avec des médicaments inventés par des labos privés. Les infrastructures utilisent du béton, de l'acier, des machines conçues par des sociétés privées. Même les outils numériques des écoles viennent d'entreprises comme Microsoft ou Apple. L'État coordonne et finance, mais il n'invente pas tout.

Le privé n'est pas l'ennemi : il est déjà une partie intégrante de la solution. Le nier, c'est comme croire qu'un orchestre joue bien uniquement grâce au chef, alors que sans musiciens, il n'y a pas de musique.

Questions qui coincent

1. « Tu peux me citer un exemple de grande entreprise publique qui marche mieux que ses équivalents privés ? »
2. « Si l'État gérait si bien, pourquoi EDF et la SNCF croulent-elles sous des montagnes de dettes malgré des milliards d'aides ? »
3. « Tu crois vraiment que les médicaments, les machines médicales, les ordinateurs scolaires sortent des ministères ? »
4. « Pourquoi les pays qui nationalisent tout finissent par avoir des pénuries plutôt que des excédents ? »

L'idée de tout nationaliser séduit par son vernis moral, mais elle oublie que l'État n'a pas le monopole de l'efficacité. Sans le privé, pas d'innovation, pas de flexibilité, pas de progrès rapide. Le vrai moteur, ce sont les entreprises et les individus — l'État n'est qu'un chef d'orchestre, pas le compositeur.

## « Macron est d'extrême droite. »

C'est devenu un slogan courant dans certaines manifs : à force de voir des CRS sur les images et d'entendre le mot "réforme", hop, conclusion radicale : Macron serait un Le Pen qui s'ignore. Plus besoin d'argumenter, on claque l'étiquette qui tue.

<u>Pourquoi cette phrase accroche</u>

Parce qu'elle est simple, percutante et diabolise l'adversaire. Dire "extrême droite" permet de coller Macron dans la case la plus infamante possible. Ça évite d'avoir à analyser ses politiques économiques ou sociales : il devient juste "le fasciste en costard".

<u>Ce que cette caricature efface complètement</u>

Macron, c'est tout sauf l'extrême droite. Sa politique est centriste, pro-Europe, pro-immigration contrôlée, pro-libéralisme économique. Des positions qui sont justement ce que l'extrême droite déteste. Le qualifier ainsi, c'est vider les mots de leur sens.

D'ailleurs, si Macron était vraiment d'extrême droite :
- L'Union européenne ne serait pas au cœur de sa politique.
- L'immigration ne serait pas à des niveaux records sous ses mandats.
- Sa majorité ne voterait pas des lois sociétales progressistes (PMA, égalité des genres, etc.).

En réalité, traiter Macron d'extrême droite, c'est surtout une façon pour certains militants de gauche de dire : "il n'est pas assez de gauche pour moi, donc il est facho." Un raisonnement aussi binaire qu'absurde.

Questions qui font mal

1. « Si Macron est d'extrême droite, que reste-t-il comme mot pour qualifier Marine Le Pen ou Zemmour ? »
2. « Tu peux citer une seule mesure d'extrême droite appliquée par Macron ? »
3. « Comment un président pro-Europe, pro-mondialisation et pro-immigration peut être catalogué à l'extrême droite ? »
4. « Tu crois pas qu'à force de traiter tout le monde de fasciste, le mot finit par ne plus rien vouloir dire ? »

Dire que Macron est d'extrême droite n'est pas une analyse, c'est un slogan vide.

# « La spéculation en bourse détruit l'économie réelle. »

Voilà un cliché qui a la peau dure. Dans l'imaginaire gauchiste, les "spéculateurs" sont des parasites en costard-cravate, accrochés à leur écran, qui manipulent des chiffres pendant que "les vrais travailleurs" fabriquent des boulons. La finance serait un cancer qui siphonne la richesse sans rien produire.

## Pourquoi ce discours séduit ?

Parce qu'il oppose deux images simples : d'un côté, l'ouvrier "honnête" qui bosse avec ses mains ; de l'autre, le trader "cynique" qui clique sur son clavier. C'est une vision manichéenne qui transforme la finance en bouc émissaire idéal. Et comme personne n'aime voir un banquier gagner des millions de bonus, le slogan fait mouche.

## Pourquoi c'est trompeur

La spéculation n'est pas un parasite : c'est un rouage essentiel de l'économie moderne. Elle permet de donner de la liquidité aux marchés (tu peux acheter ou vendre rapidement), d'anticiper les risques (avec des produits dérivés qui servent à couvrir les variations de prix), et de financer les entreprises.

Prenons un exemple simple : un boulanger qui achète du blé. Si le prix du blé explose, il est ruiné. Grâce aux marchés financiers, il peut "couvrir" ce risque en fixant son prix à l'avance. Ce n'est pas du parasitisme, c'est de la sécurité économique.

Ensuite, accuser la spéculation de "détruire" l'économie réelle, c'est ignorer que beaucoup d'innovations sont financées grâce aux marchés financiers. Sans la bourse, pas de Google, pas d'Apple, pas de biotech. Les spéculateurs prennent des risques — parfois, ils gagnent beaucoup, parfois ils perdent tout.

Mais sans eux, pas de capitaux massifs pour développer des projets.

Évidemment, il existe des excès et des bulles. Mais ces crises viennent souvent d'une mauvaise régulation ou d'une mauvaise gestion politique (rappelez-vous 2008, avec Fannie Mae et Freddie Mac, soutenues par l'État américain). Pointer du doigt "la spéculation" comme cause de tous les maux, c'est confondre l'outil et son mauvais usage.

<u>Questions qui déstabilisent</u>

1. « Tu crois que les entreprises trouvent leurs financements où, si ce n'est pas grâce aux marchés financiers ? »
2. « Tu connais un secteur moderne — énergie, santé, tech — qui n'a pas eu besoin de capitaux levés en bourse ? »
3. « Si la spéculation détruit tout, pourquoi les pays qui interdisent la finance librement... finissent avec des économies exsangues ? »
4. « Tu sais ce qu'est une couverture de risque ? Tu veux qu'on demande au boulanger si ça détruit ou si ça sauve son business ? »

La spéculation n'est pas l'ennemi de l'économie réelle. Elle en est le carburant. Mal régulée, elle peut créer des dérives ; bien utilisée, elle permet aux entreprises, aux agriculteurs et aux innovateurs de survivre et de croître. C'est plus compliqué qu'un slogan, mais tellement plus proche de la réalité.

## « Le capitalisme, c'est l'oppression des pauvres. »

C'est le slogan qui sonne comme une prophétie biblique dans toutes les AG étudiantes : le capitalisme oppresse, exploite, écrase. Selon cette vision, les riches ne sont riches que parce qu'ils tiennent les pauvres sous leur botte. Bref, une bonne vieille lutte des classes servie réchauffée depuis Marx.

### Pourquoi cette formule séduit ?

Parce qu'elle transforme un système complexe en une fable facile à comprendre : les gentils pauvres contre les méchants capitalistes. On remplace l'économie par un film Disney où Cendrillon est condamnée à récurer le sol pendant que le PDG-bourreau s'empiffre au banquet. Ça flatte les émotions, et ça dispense d'analyser ce que le capitalisme a réellement produit.

### Où est l'arnaque ?

Historiquement, c'est sous le capitalisme que la pauvreté mondiale a le plus reculé. Selon la Banque mondiale, l'extrême pauvreté est passée de plus de 35 % de la population mondiale en 1990 à moins de 10 % aujourd'hui. Pas vraiment l'oppression permanente annoncée.

Ensuite, le capitalisme n'est pas un bloc monolithique. C'est un système d'échanges, de contrats, d'innovation. Il produit des inégalités, oui, mais il crée aussi des opportunités inédites. L'ouvrier du XIX$^e$ siècle n'avait pas l'assurance maladie, pas de congés payés, pas de smartphone fabriqué... en Chine capitaliste.

De plus, les pays qui ont tenté l'alternative « anti-capitaliste » ne se sont pas distingués par la prospérité des masses. URSS, Venezuela, Cuba : la misère, les pénuries et parfois la répression ont remplacé l'"oppression capitaliste". L'histoire n'est pas tendre avec les systèmes où l'État prétend protéger les pauvres en éliminant la liberté économique.

Enfin, accuser le capitalisme d'oppresser, c'est oublier que la mobilité sociale existe bel et bien. Des millions de personnes sortent de la pauvreté chaque année grâce au travail, à l'entrepreneuriat et aux échanges internationaux. Ce n'est pas parfait, mais c'est efficace.

<u>Questions à poser pour retourner la table</u>

1. « Tu sais dans quel système économique la pauvreté mondiale a chuté de 25 points en 30 ans ? »
2. « Si le capitalisme oppresse les pauvres, pourquoi des pays comme la Corée du Sud, autrefois ruinés, sont devenus riches grâce à lui ? »
3. « Peux-tu me citer un pays non capitaliste où les pauvres vivent mieux qu'en Europe ? »
4. « Si tu détestes tant le capitalisme, pourquoi utilises-tu un iPhone fabriqué par une multinationale capitaliste ? »

Le capitalisme a ses excès, ses inégalités, ses scandales. Mais il a aussi sorti des milliards de la pauvreté et permis des avancées qu'aucun autre système n'a jamais produites. Ce n'est pas une prison pour pauvres, c'est une échelle imparfaite mais bien réelle pour en sortir.

## « Les inégalités sont insupportables. »

Cette phrase revient comme un slogan publicitaire : courte, percutante et impossible à contester... en surface. Dire que les inégalités sont "insupportables", c'est déjà poser un jugement moral : si tu n'es pas d'accord, tu passes pour un monstre sans cœur.

Pourquoi ce discours touche ?

Parce qu'il joue sur une émotion simple : la jalousie. Voir quelqu'un de plus riche ou plus favorisé déclenche instinctivement un sentiment d'injustice. On imagine que si les inégalités disparaissaient, tout le monde vivrait mieux. L'égalité absolue est présentée comme la promesse du bonheur universel.

Ce que ce discours oublie

Il existe deux types d'inégalités : celles des résultats (différence de revenus, de patrimoine) et celles des chances (accès à l'éducation, mobilité sociale). Les confondre volontairement, c'est pratique pour un slogan, mais c'est une supercherie intellectuelle.

En réalité, ce qui compte, ce n'est pas que certains gagnent plus que d'autres, mais que les plus pauvres vivent mieux qu'hier. Et là, surprise : en France, le niveau de vie des 10 % les plus pauvres reste plus élevé que 90 % de la population mondiale (World Bank).

Ensuite, réduire les inégalités à coup de redistribution massive ne garantit pas une société plus prospère. Dans certains pays égalitaristes, tout le monde est effectivement "égal"... mais dans la pauvreté. L'exemple du Venezuela est éloquent : les riches ont fui, les classes moyennes ont sombré, et au final, tout le monde s'est retrouvé plus pauvre, sauf le régime.

Enfin, il faut rappeler que les inégalités ne sont pas uniquement un problème : elles sont aussi un moteur. La perspective de gagner plus, d'améliorer sa condition, motive les individus à innover, travailler, prendre des risques. Supprimer toute inégalité, c'est aussi supprimer une bonne part de cette incitation.

<u>Questions pour déstabiliser</u>

1. « Tu veux moins d'inégalités : tu préfères être pauvre dans un pays égalitaire, ou vivre mieux dans un pays inégalitaire mais prospère ? »
2. « Tu crois qu'un milliardaire en France réduit ton niveau de vie, ou que le vrai problème est l'absence de croissance globale ? »
3. « Si les inégalités sont insupportables, pourquoi tant de gens risquent leur vie pour rejoindre des pays capitalistes inégalitaires... plutôt que des pays égalitaires mais pauvres ? »
4. « Tu sais que même avec des inégalités, les pauvres d'aujourd'hui vivent mieux que les riches d'il y a un siècle ? »

Ce n'est pas l'inégalité en soi qui est insupportable, c'est la pauvreté absolue. Et c'est précisément sur ce terrain que les sociétés ouvertes et dynamiques ont obtenu leurs plus grandes victoires.

## « Il faut accueillir tout le monde. »

Ah, le slogan préféré des manifs sous la pluie : ouvrir les frontières, tendre les bras, et la Terre deviendra un village convivial façon colocation Erasmus. Selon ce cliché, chaque migrant est une richesse, chaque frontière une injustice.

### Pourquoi cette formule plaît ?

Parce qu'elle joue sur la corde sensible : l'émotion. Face à des images de familles en détresse, dire "il faut accueillir tout le monde" paraît être la seule réponse humaine. Si tu contestes, tu es immédiatement catalogué comme sans-cœur, voire pire : "xénophobe". C'est un argument moral qui évite toute réflexion pratique.

### Ce que ça oublie volontairement

Accueillir tout le monde, ce n'est pas juste ouvrir une porte, c'est aussi assumer un coût social, économique et culturel. Les infrastructures (logement, hôpitaux, écoles) ne sont pas extensibles à l'infini. En France, le système social est déjà déficitaire : plus de 30 milliards de déficit cumulé pour la Sécurité sociale en 2023 (Cour des comptes). Ajouter une charge massive sans limite, c'est mathématiquement ingérable.

De plus, l'intégration n'est pas automatique. Accueillir, c'est une chose. Intégrer, éduquer, donner du travail et éviter les ghettos, c'en est une autre. Et les échecs d'intégration se paient cher : tensions culturelles, communautarismes, violences. Ce n'est pas un fantasme : c'est une réalité documentée par les services de l'État eux-mêmes.

Enfin, l'argument "il faut accueillir tout le monde" est hypocrite : la plupart de ceux qui le scandent n'accueillent personne chez eux. Leur générosité s'arrête au seuil de leur appartement de 45 m² payé en colocation.

Questions pour faire vaciller ton interlocuteur

1. « Tu dis qu'il faut accueillir tout le monde. Concrètement, combien de personnes tu peux héberger dans ton appartement ? »
2. « Tu crois que les hôpitaux et les écoles ont une capacité infinie ? »
3. « Si c'est une richesse automatique, pourquoi des pays qui accueillent massivement restent dans la misère ? »
4. « Accueillir sans intégrer, ça donne quoi ? Tu veux des ghettos ou une société cohérente ? »

L'accueil peut être généreux, mais dire "accueillir tout le monde" est une formule magique qui ignore la réalité : les capacités économiques, sociales et culturelles sont limitées. Ouvrir sans réfléchir, c'est condamner l'intégration et creuser les tensions.

# « Sans l'immigration, l'économie s'écroulerait. »

Voilà une formule qu'on entend partout : dans les débats télé, les tribunes militantes, et même parfois dans les discours officiels. L'idée est simple : sans immigration, les usines s'arrêtent, les hôpitaux ferment, et la France redevient un désert économique. Bref, l'apocalypse au premier contrôle aux frontières.

<u>Pourquoi ça séduit tant ?</u>

Parce que c'est un argument de peur. Si tu n'acceptes pas l'immigration massive, tu es accusé de vouloir saboter l'économie, vider les hôpitaux de leurs infirmiers et abandonner les chantiers. C'est un chantage moral et économique à la fois : sans eux, tu n'auras plus rien.

<u>Pourquoi c'est trompeur</u>

L'immigration peut certes contribuer à l'économie, mais dire que sans elle tout s'écroule est une caricature.

D'abord, l'économie française existait bien avant l'immigration de masse. Les Trente Glorieuses (1945-1975), période de croissance record, ont été portées par une population majoritairement locale. L'idée que tout reposerait sur l'immigration est donc historiquement fausse.

Ensuite, l'impact économique de l'immigration est beaucoup plus nuancé que ce que la formule laisse croire. Selon plusieurs études, l'immigration a un effet global proche de zéro sur la croissance à long terme : ni catastrophe, ni miracle (OCDE). Certains secteurs en bénéficient (BTP, soins, restauration), mais le coût social (allocations, santé, scolarisation, logement) compense souvent ces apports.

Il faut aussi rappeler que "faire tourner l'économie" ne veut pas dire la faire prospérer.

Si des emplois ne trouvent preneur qu'à bas coût, importer de la main-d'œuvre étrangère maintient artificiellement des salaires bas, au lieu d'inciter à revaloriser ces métiers. C'est une dépendance économique, pas une solution durable.

Enfin, prétendre que l'économie s'écroulerait sans immigration, c'est ignorer la robotisation, la montée en compétences et la capacité d'adaptation d'un pays. Personne ne dit que le Japon, avec une immigration très faible, est en ruine.

Questions qui déstabilisent

- « L'économie française s'est-elle écroulée avant les vagues massives d'immigration ? Non ? Alors pourquoi maintenant ? »
- « Si l'immigration est indispensable, pourquoi le Japon, avec très peu d'immigration, reste la 4$^e$ puissance mondiale ? »
- « Tu crois vraiment que les salaires ne remonteraient pas si on ne pouvait plus compter sur une main-d'œuvre étrangère bon marché ? »
- « Si l'économie dépend de l'immigration, ça veut dire qu'on est incapable d'investir dans la formation et la technologie ? »

L'immigration peut jouer un rôle dans l'économie, mais ce n'est ni une baguette magique, ni une condition de survie. Faire croire que tout s'écroulerait sans elle, c'est de la politique par la peur, pas de l'économie par les faits.

## « La France est un pays d'accueil. »

Ah, la formule solennelle qu'on sort avec des trémolos dans la voix, comme si elle faisait partie de la Constitution. C'est devenu une sorte de mantra : "la France est un pays d'accueil", point final. Pas besoin de débat, c'est une vérité gravée dans le marbre.

<u>Pourquoi ça sonne bien ?</u>

Parce que ça flatte l'image qu'on aime donner de la France : terre d'asile, patrie des droits de l'homme, phare de la civilisation. Dire qu'on est "un pays d'accueil", c'est valorisant, ça fait généreux et ça permet de se sentir du bon côté de l'Histoire. Et si tu oses contester, tu passes pour celui qui veut fermer les portes et éteindre la lumière.

<u>Ce que ça oublie</u>

Accueillir, oui... mais à quel prix et avec quelles limites ? La France accueille déjà beaucoup. Plus de 7 millions d'étrangers résident légalement sur le territoire, soit environ 10 % de la population (INSEE). Chaque année, plus de 250 000 titres de séjour sont délivrés. Et malgré cela, on continue de dire que "la France n'accueille pas assez".

Ensuite, se définir comme un "pays d'accueil" sans parler d'intégration, c'est de la poudre aux yeux. Car accueillir, ce n'est pas seulement faire entrer. C'est loger, éduquer, soigner, donner du travail. Or, la France peine déjà à loger ses propres habitants : 2,5 millions de demandes de logements sociaux sont en attente. Croire qu'on peut accueillir indéfiniment sans conséquence, c'est de l'idéologie, pas de la gestion.

Enfin, l'accueil n'est pas une vocation nationale figée : c'est un choix politique. La France n'est pas une auberge gratuite ouverte 24h/24. C'est un pays avec des ressources limitées et des citoyens à protéger.

Ceux qui brandissent la formule "pays d'accueil" oublient qu'un pays, avant tout, est une maison. Et une maison sans porte, ce n'est plus une maison, c'est un squat.

Questions pour déstabiliser

1. « Tu sais combien d'étrangers vivent déjà en France ? Tu crois que 10 % de la population, c'est rien ? »
2. « Si la France est un pays d'accueil, ça veut dire quoi ? Qu'on ne met jamais de limite ? Même si on n'a pas de logements disponibles ? »
3. « Si on est un pays d'accueil par principe, pourquoi les autres pays du monde ne le sont-ils pas tous ? »
4. « Tu veux bien accueillir, d'accord, mais est-ce que tu accueilles quelqu'un chez toi, concrètement ? »

La France accueille déjà énormément, plus que beaucoup d'autres pays européens. Mais se définir uniquement comme "un pays d'accueil" sans parler de capacités ni d'intégration, c'est transformer une question complexe en slogan moraliste.

## « Les immigrés font le travail que personne ne veut faire. »

Voilà un argument servi comme un vieux plat réchauffé. L'idée est simple : sans immigration massive, plus personne ne ramasserait les poubelles, ne construirait les routes ou ne récolterait les fruits. Comme si la population locale disparaissait mystérieusement dès qu'il fallait se salir les mains.

### Pourquoi cette phrase séduit ?

Parce qu'elle transforme l'immigration en nécessité absolue. Si tu critiques, tu passes pour un ingrat : "Ah, donc tu refuses que quelqu'un nettoie tes trottoirs ?" C'est une façon subtile de fermer le débat en culpabilisant ton interlocuteur.

### Où est le problème avec cette idée

D'abord, ce cliché suppose que les nationaux sont trop paresseux pour accomplir certains métiers. Mais ce n'est pas une question de fainéantise : c'est une question de conditions. Si les salaires et les conditions de travail étaient adaptés, beaucoup de postes trouveraient preneur. Quand l'Allemagne a augmenté les salaires dans le secteur agricole, surprise : des locaux se sont remis à cueillir des asperges.

Ensuite, cet argument oublie que l'immigration de masse ne se limite pas à pourvoir des métiers pénibles. Une fois installés, les nouveaux arrivants et leurs descendants ne restent pas éternellement cantonnés aux "travaux que personne ne veut faire". Ils entrent dans le système social, scolaire, et créent des besoins supplémentaires en logements, hôpitaux, infrastructures. C'est un calcul global, pas une simple ligne de main-d'œuvre bon marché.

Enfin, présenter l'immigré comme une solution miracle revient à réduire un être humain à une fonction utilitaire : "ramasser les poubelles".

C'est paradoxalement très méprisant pour ceux qu'on prétend défendre.

Questions qui déstabilisent

1. « Si c'est vrai, pourquoi ces mêmes métiers étaient occupés par des locaux avant l'immigration massive ? »
2. « Tu crois qu'aucun Français n'accepterait de faire ces boulots si les salaires et conditions étaient meilleurs ? »
3. « Pourquoi réduire un immigré à un balai ou une pelle, c'est ça la dignité ? »
4. « Si on ouvre les frontières pour combler ces postes, combien d'habitants supplémentaires la France peut-elle loger, soigner, éduquer ? »

Oui, certains immigrés occupent des métiers pénibles. Mais prétendre qu'ils sont les seuls à pouvoir ou vouloir le faire, c'est ignorer la réalité économique et sociale. Ce n'est pas un problème de nationalité, c'est un problème de conditions de travail et de gestion.

## « On est tous des enfants d'immigrés. »

Ah, l'argument en forme de joker universel. Comme si rappeler que les Gaulois avaient sûrement un cousin germain qui venait de Germanie réglait d'un coup la question de l'immigration actuelle. Selon ce cliché, puisque nos ancêtres se sont déplacés, il faudrait logiquement accueillir sans limite aujourd'hui.

<ins>Pourquoi cette formule séduit ?</ins>

Parce qu'elle joue sur l'histoire pour imposer une morale : "tu es toi-même le descendant d'un immigré, donc tu n'as aucun droit de poser des conditions à l'immigration actuelle." C'est imparable émotionnellement, et ça flatte aussi l'idée d'une France éternellement métissée.

<ins>Ce que ça oublie soigneusement</ins>

Oui, les peuples se sont toujours déplacés. Mais comparer les migrations du passé avec celles d'aujourd'hui est une supercherie intellectuelle. Au Moyen-Âge, il n'y avait ni État-providence, ni sécurité sociale, ni système scolaire universel. Un nouvel arrivant devait s'intégrer ou disparaître. Aujourd'hui, chaque nouvel arrivant bénéficie immédiatement de services publics coûteux et d'une protection sociale financée par... les contribuables. La comparaison historique ne tient donc pas.

Ensuite, être "descendant d'immigrés" n'efface pas la réalité des capacités d'accueil. Le fait que ton arrière-arrière-grand-père ait traversé une frontière n'implique pas que la France de 2024 doive absorber des millions de personnes supplémentaires sans limites. Les contextes économiques, démographiques et sociaux n'ont rien à voir.

Enfin, cet argument est à sens unique. Si vraiment "on est tous des enfants d'immigrés", alors pourquoi ne pas en conclure que chacun devrait accepter de s'intégrer dans la société d'accueil, comme l'ont fait nos ancêtres ? Parce qu'à l'époque, pas d'allocs, pas de droits automatiques, pas de double nationalité. L'intégration était une question de survie, pas un choix.

<u>Questions pour désarçonner</u>

1. « Oui, nos ancêtres ont bougé. Mais est-ce qu'ils bénéficiaient d'allocations et de logements sociaux en arrivant ? »
2. « Être enfant d'immigrés, ça veut dire quoi ? Que tout le monde a droit à venir sans limite aujourd'hui ? »
3. « Si on est tous enfants d'immigrés, pourquoi certains refusent-ils de s'intégrer, alors que nos ancêtres, eux, n'avaient pas le choix ? »
4. « Tu peux m'expliquer la différence entre migrations historiques de survie et migrations modernes de confort ? »

Oui, nos ancêtres se sont déplacés. Mais utiliser cette évidence historique pour justifier l'immigration sans limite aujourd'hui, c'est comparer une charrette de 1800 à un Airbus A380. Les contextes n'ont rien à voir.

# « Les frontières sont une invention artificielle. »

Voilà une phrase qui sonne très "bobo globe-trotter". L'idée est simple : puisque les frontières ont été tracées par des hommes, elles n'auraient aucune légitimité. Donc, à quoi bon les respecter ? C'est le monde rêvé des militants sans-papiers : une planète ouverte comme une auberge espagnole.

## Pourquoi cette idée séduit

Parce qu'elle flatte un fantasme : celui d'un monde sans barrières, sans conflits, où tout le monde circule librement. Ça donne une impression de modernité, d'ouverture et de générosité. Et c'est aussi un raccourci moral : si tu crois aux frontières, tu es forcément fermé, étroit d'esprit, voire pire.

## La réalité qu'on préfère oublier

Oui, les frontières sont une invention humaine. Mais devine quoi ? Les lois, la propriété privée, la monnaie, les feux rouges... aussi. On pourrait dire qu'ils sont artificiels, mais sans eux, c'est le chaos.

Les frontières ne sont pas des lignes absurdes : elles sont le cadre qui permet de définir une communauté, une organisation, une souveraineté. C'est grâce à elles qu'un État peut lever des impôts, financer des services, assurer la sécurité de ses citoyens. Supprime-les, et tu supprimes la notion même de responsabilité politique.

Ensuite, croire que le monde irait mieux sans frontières, c'est ignorer la réalité des migrations massives. Sans frontières, c'est l'anarchie : chacun s'installe où il veut, sans règles, sans intégration, sans limites. Résultat : conflits accrus, tensions identitaires, et au final... plus de guerres, pas moins.

Enfin, ceux qui prétendent que "les frontières sont artificielles" défendent quand même la leur : leur maison, leur jardin, leur appartement. Eux aussi mettent une porte et un verrou. Curieusement, l'ouverture sans limites s'arrête toujours à la porte du salon.

<u>Questions pour désarçonner</u>

1. « Les frontières sont artificielles ? Comme ta porte d'entrée. Tu la laisses ouverte en permanence ? »
2. « Si on supprime les frontières, qui décide des lois et qui les fait respecter ? »
3. « Tu penses vraiment que supprimer les frontières éviterait les guerres, ou ça en créerait de nouvelles ? »
4. « Pourquoi les pays qui protègent leurs frontières — comme le Japon ou la Suisse — ne semblent pas s'en porter si mal ? »

Oui, les frontières sont une construction humaine. Mais comme beaucoup de règles, elles existent pour une raison : protéger, organiser, garantir la stabilité. Les effacer ne mène pas à l'harmonie universelle, mais au chaos.

## « Refuser l'immigration, c'est être raciste. »

C'est l'argument massue, sorti dès qu'on ose critiquer l'immigration. Il ne sert pas à convaincre, mais à faire taire. Une fois que tu es catalogué "raciste", plus besoin de débattre : tu es disqualifié d'office.

Pourquoi cette attaque marche si bien

Parce qu'elle joue sur la peur sociale la plus forte : être rejeté comme intolérant. Personne ne veut être vu comme raciste, donc beaucoup se taisent par peur de l'étiquette. Résultat : l'argument agit comme une arme psychologique, plus que comme une démonstration logique.

Ce que cette équation oublie complètement

Refuser l'immigration n'a rien à voir avec le racisme. Le racisme, c'est juger quelqu'un inférieur à cause de sa couleur de peau ou de son origine. Limiter ou organiser l'immigration, c'est un choix politique, lié à des capacités économiques, sociales et culturelles. Un pays a le droit — et même le devoir — de réguler qui entre sur son territoire.

Prenons un exemple concret : le Japon. Immigration très restreinte, règles strictes... et pourtant personne ne traite le Japon de pays raciste. Ce qu'on appelle du racisme en France, on appelle ça de la souveraineté ailleurs.

Ensuite, refuser l'immigration n'est pas refuser les immigrés. C'est refuser un flux incontrôlé qui met en tension les infrastructures (logement, santé, éducation). On peut très bien respecter les individus tout en disant : "on ne peut pas accueillir davantage".

Enfin, traiter tout débat de raciste, c'est une stratégie pour éviter de parler du fond. C'est bien plus facile d'insulter que d'apporter des chiffres ou des solutions.

Questions qui désarçonnent

1. « Si refuser l'immigration, c'est être raciste, pourquoi le Japon ou l'Australie sont-ils stricts sans être accusés de racisme ? »
2. « Tu fais la différence entre critiquer des flux migratoires et mépriser des personnes ? »
3. « Si tu invites dix personnes chez toi et que cent veulent entrer, tu refuses : ça fait de toi un raciste ? »
4. « Pourquoi tout pays a le droit de contrôler ses frontières, sauf la France ? »

Coller l'étiquette "raciste" à toute critique de l'immigration est une technique pour tuer le débat. Mais réguler les flux migratoires, ce n'est pas rejeter les individus : c'est assurer que l'accueil soit viable pour tous, immigrés comme natifs.

## « Les immigrés paient aussi des impôts. »

Voilà un argument balancé comme un coup de massue. L'idée : si les immigrés contribuent aux caisses publiques, alors ils ne posent aucun problème. Une formule simple qui laisse entendre qu'ils financent même le système social dont ils bénéficient.

<u>Pourquoi ça paraît convaincant ?</u>

Parce que c'est vrai... en partie. Oui, beaucoup d'immigrés travaillent et payent la TVA, la CSG, voire l'impôt sur le revenu. Donc, dire le contraire paraît injuste. Et puis, ça met dans l'embarras celui qui oserait affirmer que l'immigration est une charge : "tu es aveugle, ils contribuent eux aussi !".

<u>Sauf que ...</u>

D'abord, dire que "les immigrés paient des impôts" est une évidence creuse : tout le monde paie la TVA en achetant une baguette. Ça ne dit rien de l'équilibre global entre ce qui est versé et ce qui est perçu.

Ensuite, de nombreuses études montrent que l'impact net de l'immigration sur les finances publiques est faible, voire négatif. Selon l'OCDE, l'effet budgétaire global de l'immigration dans les pays développés est proche de zéro : les cotisations versées sont en grande partie absorbées par les prestations sociales (santé, logement, éducation, aides diverses). Autrement dit : oui, ils paient, mais ils coûtent aussi.

Par ailleurs, les impôts payés par les immigrés ne couvrent pas forcément le coût de l'intégration. Écoles saturées, logements sociaux en attente, hôpitaux débordés : tout cela représente une charge importante pour les finances publiques. Affirmer simplement "ils paient des impôts" revient à montrer un côté de la médaille en cachant l'autre.

Selon l'Observatoire de l'Immigration (site "L'impact de l'immigration sur l'économie française"), les recettes budgétaires apportées par les immigrés ne couvriraient qu'environ 86 % des dépenses publiques qui leur sont affectées. Autrement dit, pour 100 € de "charges" sociales, éducation, logement, santé, etc., les impôts et cotisations des immigrés en couvriraient 86 € en moyenne.

Enfin, l'argument ne répond pas à la vraie question : combien d'immigration est soutenable pour un pays donné ? Même si chaque nouvel arrivant paie un peu, ça ne veut pas dire que le système peut absorber indéfiniment sans se déséquilibrer.

Questions pour déstabiliser

1. « Tu sais que tout le monde paie des impôts, même un touriste qui achète une bouteille d'eau et paye la TVA ? »
2. « Tu as une idée du solde net entre ce que l'immigration rapporte et ce qu'elle coûte ? »
3. « Si leur contribution est si bénéfique, pourquoi les hôpitaux, les écoles et le logement social sont-ils saturés ? »
4. « Tu penses qu'un pays peut accueillir sans limite, tant que chaque nouvel arrivant paie un ticket de métro ? »

Oui, les immigrés paient des impôts. Mais brandir cet argument comme une justification suffisante est une simplification. La vraie question n'est pas "paient-ils ?", mais "le solde est-il soutenable ?".

## « L'immigration enrichit culturellement le pays. »

Ah, le slogan poético-bobo par excellence. Dans ce tableau idyllique, chaque migrant apporte sa "richesse culturelle" : une nouvelle danse, une recette exotique, un couscous partagé entre voisins... Bref, l'immigration est vue comme une gigantesque "Fête des cultures" sponsorisée par l'UNESCO.

<u>Pourquoi ça séduit ?</u>

Parce que ça sonne positif et inattaquable. Qui voudrait être contre la "richesse culturelle" ? Dire ça, c'est donner l'impression qu'on s'oppose à la musique, à la gastronomie, à la diversité. Ça flatte l'image d'une société ouverte, curieuse et moderne.

<u>Ce que ça cache</u>

D'abord, oui, la culture peut s'enrichir par des apports extérieurs. Personne ne nie qu'on aime manger une pizza italienne, écouter du jazz américain ou découvrir le couscous maghrébin. Mais réduire l'immigration à un "buffet gastronomique" est une caricature.

La vraie question n'est pas "peut-on gagner des recettes de cuisine ?", mais "peut-on préserver une cohésion sociale ?". Car si l'immigration n'est pas maîtrisée, elle peut aussi fragmenter la société. Des cultures qui s'ajoutent sans s'intégrer ne créent pas de richesse, elles créent des ghettos. Et l'histoire française récente montre que dans certains quartiers, on parle plus de communautarisme et de tensions que de "fête des cultures".

Ensuite, croire que la diversité culturelle est un enrichissement automatique, c'est oublier qu'il y a aussi des chocs. Certaines pratiques ou valeurs importées peuvent entrer en conflit direct avec celles du pays d'accueil (rapport à la laïcité, égalité homme-femme, liberté d'expression, etc.).

Est-ce qu'interdire une caricature ou imposer un voile obligatoire "enrichit culturellement" ? Pas sûr que tout le monde applaudisse.

Enfin, ceux qui brandissent l'argument oublient qu'on peut très bien s'ouvrir au monde sans immigration massive. Tu peux goûter de la cuisine indienne sans importer toute l'Inde. Tu peux écouter du reggae sans avoir besoin de recréer la Jamaïque en bas de chez toi.

<u>Questions pour déstabiliser</u>

1. « Tu dis que l'immigration enrichit culturellement. D'accord, mais où est la limite entre enrichissement et fragmentation sociale ? »
2. « Tu veux de la diversité culturelle : tu cuisines italien, chinois ou indien parfois ? T'as eu besoin d'une immigration massive pour ça ? »
3. « Pourquoi on parle plus de communautarisme et de tensions dans certains quartiers que de "richesse culturelle" ? »
4. « Est-ce que toutes les pratiques importées sont un enrichissement ? Tu veux vraiment importer aussi les inégalités ou les restrictions de liberté qui viennent avec ? »

La diversité culturelle peut être une richesse, mais seulement si elle s'accompagne d'intégration et de respect du socle commun. Sinon, au lieu d'une symphonie harmonieuse, on obtient une cacophonie sociale.

## « Il faut manger moins de viande pour sauver la planète. »

C'est le slogan préféré des écolos végans : la vache serait l'ennemi numéro un du climat. Chaque steak deviendrait une arme de destruction massive, chaque barbecue un écocide. La solution miracle ? Remplacer ton entrecôte par un steak de soja et ton cassoulet par des lentilles bio.

### Pourquoi cette idée séduit autant ?

Parce qu'elle coche toutes les cases de la culpabilisation moderne : santé, morale et climat. On te dit qu'en mangeant moins de viande, tu sauves ta santé, les animaux et la planète. Ça transforme un acte banal — ton repas — en geste militant héroïque. De quoi flatter l'ego sans trop d'efforts... du moment qu'on aime le tofu.

### Les zones d'ombre qu'on oublie

Réduire la question environnementale à la viande, c'est simplifier un problème gigantesque. Oui, l'élevage émet du méthane. Mais en France, il représente environ 9 % des émissions de gaz à effet de serre, contre 31 % pour les transports (CITEPA). Si on veut être sérieux, il faudrait d'abord parler voitures, avions et cargos avant d'attaquer le boucher du coin.

Ensuite, l'élevage n'est pas qu'un pollueur : c'est aussi un régulateur. Les prairies stockent du carbone, entretiennent les paysages et permettent une biodiversité que les monocultures de soja détruisent. Supprimer la viande, ce n'est pas forcément sauver la nature : c'est parfois la remplacer par des cultures industrielles encore plus ravageuses.

Enfin, parler de viande "qui tue la planète" en France est hypocrite.

Notre agriculture est l'une des plus régulées et productives au monde. Si on arrête l'élevage local, on importera plus de viande d'Amérique du Sud, produite avec déforestation et sans normes sanitaires. Bravo pour le bilan carbone.

Questions qui coincent

1. « Tu sais quelle part des émissions mondiales provient de l'élevage en France ? Moins de 10 %. Tu penses que ça va sauver le climat de laisser ta côte de bœuf ? »
2. « Pourquoi tu accuses la viande mais jamais les cargos géants qui amènent ton quinoa du Pérou ? »
3. « Tu veux remplacer nos prairies par des champs de soja OGM, c'est ça ton projet écologique ? »
4. « Si arrêter la viande sauve la planète, pourquoi les plus gros éleveurs de bovins (Inde, Brésil) ne sont pas devenus des paradis verts ? »

Manger moins de viande peut être un choix personnel, pour la santé ou par goût. Mais en faire une solution climatique universelle, c'est de la communication simpliste. La vraie bataille se joue ailleurs : dans l'énergie, les transports et l'innovation.

# « Les immigrés sauvent nos retraites. »

Ah, le mantra préféré des plateaux télé. L'argument est servi comme une évidence : puisque la population vieillit, il faut de nouveaux cotisants pour payer les pensions. Et qui mieux que les immigrés pour remplir les caisses de la Sécu ? Sans eux, paraît-il, nos vieux finiraient abandonnés sur un banc public.

### Pourquoi ça séduit ?

Parce que c'est simple et rassurant. On a un problème démographique ? Hop, solution miracle : importer des jeunes. Et si tu contestes, tu passes pour le sale type qui veut laisser mourir les retraités sans ressources. Un raisonnement qui joue à fond sur la peur de manquer.

### Ce que ça oublie

D'abord, oui, à court terme, des travailleurs immigrés peuvent contribuer au financement des retraites. Mais croire que ça "sauve" le système est un mirage. Car les immigrés vieillissent eux aussi. Ceux qui cotisent aujourd'hui deviendront bénéficiaires demain. On ne règle donc rien, on décale simplement le problème.

Ensuite, il faut regarder la réalité économique : le taux de chômage des immigrés est environ deux fois supérieur à celui des natifs (INSEE). Cela signifie que tous ne sont pas des cotisants nets. Une partie importante bénéficie aussi de prestations sociales, ce qui compense largement les cotisations.

Par ailleurs, si importer de la jeunesse était une solution magique, ça se saurait. Depuis 30 ans, la France accueille massivement, et pourtant le système des retraites reste en déficit chronique. En 2023, le Conseil d'orientation des retraites prévoyait un déficit cumulé de 150 milliards d'euros d'ici 2032 malgré l'immigration continue (COR).

Pas vraiment le signe d'un système "sauvé".

Enfin, cet argument est hypocrite : si l'immigration était la solution aux retraites, alors il faudrait une immigration massive, sans limite, pour compenser le vieillissement constant. Mais une population ne se gère pas comme un carnet de chèques : il y a aussi les coûts d'intégration, de logement, de santé, d'éducation pour les familles qui viennent avec.

<u>Questions qui déstabilisent</u>

1. « Si les immigrés sauvent les retraites, pourquoi le système est-il toujours en déficit après 30 ans d'immigration massive ? »
2. « Tu crois que les immigrés restent éternellement jeunes et cotisants, ou qu'ils finissent eux aussi... à la retraite ? »
3. « Pourquoi le taux de chômage est-il deux fois plus élevé chez les immigrés si ce sont tous de futurs cotisants miracles ? »
4. « Si la solution, c'est toujours plus d'immigrés pour payer les retraites, ça veut dire qu'il faut une immigration infinie ? Tu ne vois pas le problème ? »

L'immigration ne "sauve" pas les retraites, elle peut seulement soulager temporairement les caisses. Mais à long terme, elle ajoute autant de bénéficiaires qu'elle ne crée de cotisants. C'est un pansement sur une jambe de bois, pas une réforme structurelle.

# « Les immigrés sont une chance pour la France. »

C'est la formule magique, sortie à chaque débat. On ne dit plus "l'immigration pose des défis", non : on dit que c'est une chance. Un peu comme si on avait gagné à l'EuroMillions chaque fois qu'un nouvel arrivant franchit la frontière.

<u>Pourquoi cette phrase plaît tant ?</u>

Parce qu'elle est positive et valorisante. Elle renverse la critique en slogan optimiste : si tu contestes, tu es contre la "chance". Et qui voudrait être contre la chance ? C'est une pirouette rhétorique qui dispense d'argumenter : la France n'a pas de problèmes avec l'immigration, elle aurait juste du mal à voir sa chance.

<u>Pourquoi c'est trompeur</u>

Tout dépend de ce qu'on appelle une "chance". Oui, certains immigrés sont une chance : médecins, ingénieurs, entrepreneurs, sportifs de haut niveau. Ils contribuent à la société et enrichissent réellement le pays. Mais faire de cas particuliers une généralité est une manipulation.

Car la réalité est plus nuancée :
- Le taux de chômage des immigrés est environ deux fois plus élevé que celui des natifs (INSEE).
- Les immigrés sont surreprésentés dans les bénéficiaires du logement social et des prestations sociales.
- L'intégration scolaire et culturelle est loin d'être automatique : dans certains quartiers, ce n'est pas une "chance", c'est une fracture.

Dire que l'immigration est une chance revient à ignorer qu'elle est aussi un coût, un défi, un facteur de tensions. On peut parler d'apports positifs, mais certainement pas de miracle systématique.

Enfin, si c'était une chance automatique, pourquoi autant de pays tentent-ils de limiter les flux plutôt que de se ruer pour en avoir toujours plus ? Étrange, non, de refuser un "billet gagnant" si ça l'était vraiment.

<u>Questions pour déstabiliser</u>

1. « Tu peux me définir concrètement en quoi chaque immigré est une chance, plutôt qu'un cas par cas ? »
2. « Si c'est une chance automatique, pourquoi le taux de chômage et la dépendance aux aides sont-ils plus élevés chez les immigrés ? »
3. « Pourquoi la France aurait besoin de cette "chance" alors qu'elle est déjà un des pays les plus riches du monde ? »
4. « Si l'immigration était toujours une chance, pourquoi autant de pays riches cherchent à la limiter plutôt qu'à l'encourager ? »

Oui, certains parcours d'immigrés sont exemplaires et une vraie richesse pour la France. Mais transformer une réalité complexe en slogan optimiste est une escroquerie intellectuelle. La "chance" n'est pas automatique : elle dépend de la qualité de l'intégration, du travail et des efforts de chacun.

# « Le communisme n'a jamais été vraiment appliqué. »

C'est LA phrase de survie de tous les nostalgiques de Lénine. À chaque fois que tu rappelles les millions de morts, les goulags, la famine et les dictatures, ils dégainent ce joker : "Oui mais ça, ce n'était pas le vrai communisme." Une pirouette rhétorique aussi pratique qu'un bouton reset sur une console.

## Pourquoi cette excuse plaît tant

Parce qu'elle permet de sauver l'idéologie malgré la réalité. Les faits sont accablants ? Pas grave, on dit que ce n'était qu'une mauvaise copie. Ça garde intacte l'illusion d'un paradis égalitaire, sans avoir à assumer les catastrophes concrètes.

## Ce que ça évacue complètement

Le communisme a été appliqué, et pas qu'une fois. URSS, Chine maoïste, Cambodge de Pol Pot, Cuba, Corée du Nord… partout, les mêmes résultats : répression, pauvreté, absence de libertés. Si toutes les tentatives échouent de la même façon, ce n'est pas un hasard, c'est le système qui est vicié à la base.

Ensuite, prétendre que "le vrai communisme n'a jamais été appliqué" revient à dire que l'idée est parfaite mais que l'humanité est trop imparfaite pour l'appliquer. En clair : l'idéologie est irréprochable, c'est la réalité qui se trompe. Un raisonnement circulaire digne d'un sketch.

Enfin, il faut rappeler que même dans ses phases "idéales", le communisme implique la collectivisation forcée, la suppression de la propriété privée et la planification totale par l'État. Autant dire : un terrain fertile pour les abus et la dictature. Ce n'est pas un bug, c'est une fonctionnalité intégrée.

Questions qui font grincer des dents

1. « Si le communisme n'a jamais été appliqué, alors c'était quoi l'URSS, un escape game ? »
2. « Tu veux combien d'essais ratés avant d'admettre que l'idée elle-même est bancale ? »
3. « Pourquoi les pays communistes fuient-ils vers le capitalisme, et jamais l'inverse ? »
4. « Si le vrai communisme est si merveilleux, pourquoi aucun pays riche ne l'adopte volontairement ? »

L'excuse "ça n'a jamais été appliqué" est une pirouette pour sauver une idéologie qui s'effondre face aux faits. Les expériences passées ne sont pas des accidents, elles sont le reflet de ce qu'implique réellement le communisme.

## « L'islam est une religion comme les autres. »

C'est l'argument-marteau des débats télé : pas de différence, pas de problème. L'islam serait un christianisme version orientale, ou un judaïsme avec un autre calendrier. Bref, une simple variante spirituelle, donc toute critique serait forcément suspecte.

### Pourquoi ça plaît

Parce que ça rassure. Dire que l'islam est "comme les autres" permet d'éviter les tensions et de se placer du côté du tolérant. C'est une formule de confort : si tu contestes, tu es immédiatement taxé d'islamophobie. Ça ferme le débat en brandissant la morale.

### Ce que ça oublie

Toutes les religions ne s'expriment pas de la même manière dans l'espace public. Oui, l'islam partage avec les autres une dimension spirituelle, mais il a aussi une forte dimension sociale, juridique et politique. Dans de nombreux pays, la charia (loi islamique) s'applique encore, ce qui va bien au-delà d'une simple foi privée.

En France, la différence se voit aussi dans les faits :

- Les débats autour du voile, du burkini, ou des repas halal à l'école ne concernent pas les catholiques ni les bouddhistes.
- Les tensions autour de la radicalisation islamiste ne sont pas un fantasme : plus de 5 000 personnes sont inscrites au fichier S pour radicalisation potentielle, et la quasi-totalité concerne l'islamisme.
- La loi de 1905 sur la laïcité a été conçue pour gérer une religion dominante (le catholicisme). Mais l'islam, dans sa pratique publique, pose des questions inédites sur l'intégration et la compatibilité avec ce modèle.

Dire que "c'est une religion comme les autres" efface ces différences réelles. Oui, il y a des musulmans parfaitement intégrés et pacifiques. Mais réduire l'islam à une simple foi identique aux autres, c'est fermer les yeux sur ses spécificités sociales et politiques.

Questions qui déstabilisent

1. « Si c'est une religion comme les autres, pourquoi on débat sans cesse du voile et jamais de la soutane ? »
2. « Tu peux me citer une autre religion qui pose autant de questions sur l'école, la laïcité et la liberté d'expression en France ? »
3. « Si c'est "comme les autres", pourquoi la majorité des attentats terroristes en Europe sont-ils liés à l'islamisme ? »
4. « Pourquoi certains pays musulmans appliquent une loi religieuse (charia), si c'est juste une religion comme les autres ? »

L'islam est une religion, oui. Mais dire qu'il est "comme les autres" revient à gommer ses particularités culturelles, politiques et sociales. Ce n'est pas islamophobe de le reconnaître, c'est simplement lucide.

## « La laïcité, c'est aussi pour protéger les religions. »

C'est l'argument passe-partout des débats sur la laïcité. Selon cette vision, la laïcité n'aurait pas pour but de mettre une frontière entre politique et religieux, mais au contraire de "protéger" toutes les religions, comme une nounou bienveillante qui veille sur ses petits protégés.

Pourquoi ça séduit

Parce que ça renverse complètement le sens de la laïcité. Au lieu d'être un principe de neutralité, elle devient une sorte de bouclier moral pour toutes les croyances. Ça flatte le besoin de tolérance, ça sonne inclusif, et ça permet de faire taire toute critique : si tu contredis, tu passes pour intolérant.

Ce que ça oublie

La laïcité à la française, telle qu'inscrite dans la loi de 1905, n'a jamais été conçue pour "protéger" les religions. Elle a été faite pour protéger l'État des religions. Elle garantit la liberté de conscience et le droit de croire ou de ne pas croire, mais elle impose que l'espace public et l'État restent neutres.

Confondre la laïcité avec une forme de "protection" des religions, c'est la vider de son sens. Ça revient à dire que l'arbitre est là pour aider une équipe plutôt que pour faire respecter les règles du jeu.

Par ailleurs, cette vision est souvent utilisée pour justifier des revendications communautaires : menus religieux à l'école, salles de prière dans les universités, signes religieux au travail... Or, c'est précisément ce que la laïcité empêche : la religion ne doit pas dicter sa loi dans l'espace public.

Enfin, il faut rappeler que la laïcité protège avant tout les individus, pas les institutions religieuses.

Elle garantit à chacun de ne pas subir de pression spirituelle dans sa vie citoyenne. Ce n'est pas une assurance tous risques pour les dogmes.

Questions qui piquent

1. « Tu sais ce que dit la loi de 1905 ? "La République ne reconnaît, ne salarie ni ne subventionne aucun culte." Tu appelles ça protéger les religions ? »
2. « Si la laïcité protège les religions, qui protège les non-croyants ? »
3. « Tu veux vraiment que la laïcité serve de bouclier à toutes les revendications religieuses dans l'espace public ? »
4. « Si la laïcité est une protection, pourquoi certains veulent en permanence la contourner ? »

La laïcité ne protège pas les religions. Elle protège les citoyens contre l'emprise du religieux dans la sphère publique. C'est une barrière de neutralité, pas un parapluie pour dogmes fragiles.

## « L'écologie doit passer avant l'économie. »

Voilà le slogan préféré des militants en trottinette électrique sponsorisée par leurs parents. L'idée est simple : si la planète brûle, peu importe l'économie, il faut tout arrêter. On ferme les usines, on bannit les voitures, et on retourne cultiver des patates à la bougie.

### Pourquoi ça séduit ?

Parce que ça joue sur une peur légitime : la destruction de l'environnement. Dire "l'écologie avant l'économie", c'est moralement imparable : qui veut être accusé de choisir l'argent plutôt que la planète ? Ça permet aussi d'éviter tout débat concret : si tu contestes, tu es forcément un monstre climato-sceptique.

### Ce que ça oublie

L'écologie et l'économie ne s'opposent pas, elles s'entrelacent. Sans économie solide, pas de moyens pour financer la transition écologique. Les éoliennes, les panneaux solaires, les transports en commun, ça ne pousse pas dans les arbres : ça coûte des milliards, payés par... l'économie.

Ensuite, sacrifier l'économie au nom de l'écologie, c'est condamner les plus pauvres en premier. Augmenter le prix de l'essence ou de l'électricité au nom du climat touche directement ceux qui n'ont pas les moyens d'acheter une voiture électrique à 40 000 €. Résultat : on crée de la misère verte.

Par ailleurs, la France représente environ 1 % des émissions mondiales de $CO_2$ (Agence internationale de l'énergie). Même si on arrêtait toute activité demain, ça ne changerait rien au climat global. Ce qu'il faut, ce n'est pas ruiner l'économie locale par idéologie, mais investir dans l'innovation et pousser les grands pollueurs (Chine, Inde, États-Unis) à évoluer.

Enfin, beaucoup d'innovations écologiques sont nées grâce… au capitalisme et à l'économie de marché : Tesla pour les voitures électriques, SpaceX pour la réutilisation des fusées, ou encore les progrès sur les batteries. Dire que l'économie doit s'effacer, c'est scier la branche sur laquelle repose toute la transition écologique.

Questions qui déstabilisent

1. « Qui finance les énergies renouvelables si on détruit l'économie ? Les licornes ? »
2. « Tu crois que taxer l'essence à 3 € le litre, ça touche qui en premier ? Le PDG de Total ou l'ouvrier qui prend sa voiture pour aller bosser ? »
3. « Tu sais quelle part des émissions mondiales la France représente ? Moins de 1 %. Tu veux sauver le climat tout seul ? »
4. « Pourquoi opposer écologie et économie alors que c'est justement l'économie qui permet d'investir dans les solutions vertes ? »

Mettre l'écologie "avant" l'économie, c'est une formule qui flatte les émotions mais nie la réalité : on ne protège pas la planète en ruinant ceux qui vivent dessus. Il faut une économie forte pour financer une écologie efficace.

## « Les religions apportent des valeurs positives à la société. »

C'est l'argument "bisounours" des défenseurs du spirituel : les religions seraient une sorte de boîte à outils morale, indispensable pour apprendre à bien se comporter. Paix, partage, solidarité : sans elles, l'humanité vivrait dans le chaos.

<u>Pourquoi ça séduit</u>

Parce que ça sonne noble et rassurant. Dire que la religion apporte des "valeurs positives", c'est comme dire que manger des légumes est bon pour la santé. Qui pourrait s'opposer à des principes comme l'amour, le respect ou l'entraide ? Ça donne l'impression que critiquer la religion revient à critiquer la morale elle-même.

<u>Ce que ça oublie</u>

Oui, certaines religions prônent des valeurs positives : la charité, le pardon, l'humilité. Mais réduire les religions à ces jolis mots, c'est oublier l'autre face de la médaille. Car derrière les valeurs, il y a aussi des dogmes, des interdits et parfois... des violences.

L'histoire est remplie de guerres de religion, d'inquisitions, de croisades, de persécutions. Encore aujourd'hui, certains pays appliquent des lois religieuses qui limitent la liberté des femmes, interdisent la critique ou punissent l'apostasie de prison, voire de mort. Si ce sont des "valeurs positives", elles sont pour le moins sélectives.

En réalité, les valeurs qu'on attribue aux religions existent indépendamment d'elles. On n'a pas attendu les prêtres, les rabbins ou les imams pour inventer la solidarité. Les sociétés modernes laïques — comme la Suède ou le Japon — sont parmi les plus pacifiques et solidaires au monde, sans que la religion ait un rôle central.

Enfin, dire que la religion apporte des valeurs positives, c'est oublier que ces mêmes valeurs sont souvent utilisées... pour exclure. La charité envers "les nôtres", le respect de "nos règles", l'entraide communautaire — mais rarement universelle.

<u>Questions qui bousculent</u>

1. « Tu crois que la paix, la tolérance et l'amour n'existent pas sans religion ? »
2. « Si la religion est synonyme de valeurs positives, pourquoi l'histoire est-elle remplie de guerres de religion ? »
3. « Pourquoi des sociétés modernes, très peu religieuses, sont-elles parmi les plus stables et solidaires au monde ? »
4. « Tu veux vraiment confier la morale à des institutions qui ont parfois justifié l'esclavage, la censure ou la soumission des femmes ? »

Les religions peuvent inspirer de belles valeurs, mais elles ne les détiennent pas en exclusivité. Et elles peuvent tout autant servir à justifier l'intolérance ou la violence. La vraie morale vient des individus et des sociétés, pas des dogmes.

« Il faut arrêter le nucléaire et passer au 100 % renouvelable. »

C'est le cri de guerre des militants écolos depuis 40 ans. Pour eux, le nucléaire est une horreur radioactive qui menace chaque foyer français d'une explosion façon Tchernobyl. La solution miracle ? Le 100 % renouvelable, comme si on pouvait alimenter un pays entier avec du vent, du soleil et un peu de bonne volonté.

Pourquoi ça séduit ?

Parce que ça joue sur la peur et sur le rêve en même temps. La peur : catastrophe nucléaire, déchets radioactifs, images de Fukushima. Le rêve : des moulins à vent romantiques et des panneaux solaires qui brillent au soleil. C'est une vision simplifiée, presque poétique : le mal contre le bien, l'uranium contre la nature.

Ce que ça oublie ?

Le nucléaire, en France, c'est 70 % de notre électricité (RTE). Une énergie décarbonée, pilotable et disponible jour et nuit. Remplacer ça par du 100 % renouvelable, c'est tout simplement impossible avec les technologies actuelles. Le solaire ne produit rien la nuit, l'éolien dépend du vent, et les batteries capables de stocker une production nationale… n'existent pas.

Ensuite, arrêtons le mythe du danger permanent. Les accidents nucléaires sont extrêmement rares, et la filière française est l'une des plus sûres au monde. En revanche, le charbon et le gaz — souvent utilisés en complément des renouvelables — tuent des centaines de milliers de personnes chaque année dans le monde à cause de la pollution (OMS). Mais ça, bizarrement, on en parle moins.

Enfin, les renouvelables ne sont pas gratuits : éoliennes et panneaux solaires nécessitent des terres rares, des métaux, une fabrication polluante en Chine... Croire que c'est "propre" est une illusion marketing. Et malgré des milliards investis, la part des renouvelables reste marginale dans le mix français.

Questions qui déstabilisent

1. « Tu sais quelle part de l'électricité française vient du nucléaire ? 70 %. Tu veux remplacer ça par quoi, des vélos d'appartement ? »
2. « Quand il n'y a pas de vent et pas de soleil, tu branches ta lampe sur quoi ? »
3. « Pourquoi tu parles des déchets nucléaires mais jamais des tonnes de métaux lourds nécessaires pour fabriquer les panneaux solaires ? »
4. « Si le nucléaire est si dangereux, pourquoi la France a l'électricité la plus décarbonée d'Europe grâce à lui ? »

Passer au 100 % renouvelable n'est pas un projet réaliste, c'est un slogan. La vraie solution, c'est un mix intelligent : nucléaire pour la stabilité, renouvelables pour compléter. Mais sacrifier le nucléaire, c'est condamner la France à importer du gaz et à polluer plus.

« Les inégalités sont le plus grand problème de notre société. »

C'est le refrain préféré des plateaux télé et des campagnes électorales. Dès qu'il y a une crise, hop, on sort le joker : les inégalités. Comme si tous les maux du monde — chômage, violence, pauvreté, même la météo — venaient du simple fait que certains ont plus que d'autres.

Pourquoi ce discours accroche ?

Parce qu'il flatte un sentiment profondément humain : la jalousie. On compare, on regarde ce que l'autre possède, et on conclut que l'injustice est là. Ça rassure aussi : si je galère, ce n'est pas ma faute, c'est parce que "les autres" ont trop.

Ce que cette vision occulte

D'abord, il faut distinguer inégalités et pauvreté. Ce n'est pas parce qu'il y a des riches que les pauvres sont plus pauvres. En France, les 10 % les plus riches gagnent plus, c'est vrai. Mais le niveau de vie moyen a augmenté pour tout le monde au cours des dernières décennies. Ce qui compte vraiment, ce n'est pas l'écart, mais le seuil en dessous duquel personne ne devrait tomber.

Ensuite, réduire les inégalités ne signifie pas améliorer la société. Un pays où tout le monde est pauvre est "égalitaire", mais est-ce enviable ? Exemple : le Venezuela a "réduit les inégalités"... en ruinant tout le monde.

Autre point oublié : un certain niveau d'inégalités stimule l'innovation et l'effort. Si tout le monde gagne la même chose quoi qu'il arrive, pourquoi se donner la peine d'inventer, d'entreprendre ou de travailler plus ? Les pays les plus dynamiques sont souvent ceux où la réussite est récompensée, donc où il y a... des écarts.

Enfin, ce discours ignore que les vraies inégalités problématiques ne sont pas toujours financières : accès à l'éducation, à la sécurité, à la santé. Mais c'est moins sexy que de taper sur "les riches".

<u>Questions qui remettent les pendules à l'heure</u>

1. « Tu préfères quoi : vivre dans un pays égalitaire mais pauvre, ou dans un pays inégalitaire mais où tout le monde vit mieux ? »
2. « Si les inégalités sont le plus grand problème, pourquoi les pays pauvres mais égalitaires ne font pas rêver d'y vivre ? »
3. « Tu sais que la France fait partie des pays les plus redistributifs au monde ? Pourquoi ce n'est jamais assez ? »
4. « Tu veux supprimer les inégalités, mais tu es prêt à supprimer aussi les incitations à innover et entreprendre ? »

Les inégalités existent et peuvent poser problème, oui. Mais les présenter comme le problème central, c'est oublier que ce qui compte, ce n'est pas que tout le monde ait pareil, mais que personne ne manque de l'essentiel. L'obsession égalitariste finit souvent par niveler... par le bas.

## « Les services publics devraient être gratuits. »

Voilà un classique : la santé gratuite, l'école gratuite, les transports gratuits, et pourquoi pas les croissants gratuits tant qu'on y est ? Le mot "gratuit" a un charme magique : il donne l'impression que tout le monde peut en profiter sans effort, comme si la baguette tombait du ciel.

<u>Pourquoi ça plaît autant ?</u>

Parce que le mot "gratuit" déclenche un petit frisson de bonheur. Qui n'aime pas l'idée d'accéder à tout sans payer ? Ça sonne juste, ça sonne généreux, ça sonne solidaire. Et ça évite surtout la question la plus gênante : qui paie vraiment ?

<u>Ce que cette illusion cache</u>

Rien n'est jamais gratuit. Les services publics sont financés par... les impôts. Donc quand on dit "gratuit", on veut en réalité dire "payé collectivement". Ce qui est présenté comme un cadeau est en fait une facture cachée envoyée à tout le monde, même à ceux qui n'utilisent pas le service en question.

Prenons un exemple concret : les transports gratuits dans certaines villes. Ça n'a rien de magique : ce sont les contribuables locaux qui paient à la place des usagers. Résultat : ceux qui prennent leur voiture financent les bus des autres.

De plus, plus on rend les services publics "gratuits", plus on alourdit la facture fiscale. Or, la France est déjà championne mondiale des prélèvements obligatoires (près de 45 % du PIB) (OCDE). Rajouter encore du "gratuit", c'est accentuer un système où tout le monde paye plus, sans garantie de meilleure qualité.

Enfin, la gratuité peut même dévaloriser le service. Quand quelque chose ne coûte rien, on a tendance à en abuser ou à le négliger. Résultat : gaspillage, files d'attente, dégradation de la qualité.

Questions qui déstabilisent

1. « Tu crois que l'hôpital est gratuit ? Regarde ta fiche de paie : c'est toi qui le finances tous les mois. »
2. « Si tout doit être gratuit, tu comptes sur qui pour payer : les Martiens ? »
3. « Pourquoi les pays qui réussissent le mieux sont ceux qui équilibrent services publics et responsabilité individuelle ? »
4. « Tu préfères un service public gratuit mais saturé, ou un service efficace mais payé équitablement ? »

La gratuité des services publics est un mythe politique séduisant mais trompeur. Derrière chaque "gratuit", il y a une facture salée pour les contribuables. Le vrai enjeu n'est pas de rendre tout gratuit, mais de rendre tout efficace.

# « La pauvreté existe parce que les riches accaparent tout. »

C'est l'un des refrains préférés de l'anticapitalisme militant : si certains n'ont rien, c'est parce que d'autres ont trop. Une vision binaire, façon Robin des Bois inversé : les riches voleraient directement les pauvres, comme si chaque euro gagné d'un côté était un euro perdu de l'autre.

## Pourquoi cette explication tape fort ?

Parce qu'elle est simple, claire et surtout culpabilisante. Elle permet aux militants de pointer du doigt un ennemi désigné : les "riches". Pas besoin d'analyser les causes profondes de la pauvreté (chômage, éducation, structure économique), tout se résume à un slogan facile : "les riches accaparent".

## Pourquoi c'est une fausse équation

La richesse n'est pas une tarte fixe qu'on découpe entre convives. Ce n'est pas parce qu'un milliardaire crée une entreprise qu'il "vole" les pauvres : il génère de l'activité, des emplois, de l'innovation. En réalité, la prospérité peut s'agrandir.

Prenons un exemple : en 1980, plus de 40 % de la population mondiale vivait dans l'extrême pauvreté. Aujourd'hui, c'est environ 9 % (Banque mondiale). Qu'est-ce qui a changé ? La croissance économique, l'innovation, le commerce international. Autrement dit : le système qu'on accuse d'"accaparement".

Ensuite, accuser les riches d'être responsables de la pauvreté, c'est ignorer que dans les pays les plus riches et capitalistes, la pauvreté est la plus faible. À l'inverse, dans les régimes égalitaristes autoritaires, tout le monde est pauvre, sauf... la nomenklatura. L'histoire du Venezuela ou de l'URSS devrait suffire à rappeler que ce n'est pas l'inégalité qui crée la pauvreté, mais bien le manque de prospérité.

Enfin, si on veut vraiment parler d'accaparement, regardons plutôt du côté des États inefficaces et des élites corrompues dans certains pays. Là, oui, la pauvreté est entretenue par ceux qui détournent les richesses. Mais ça, curieusement, ça fait moins de slogans en manif.

<u>Questions pour coincer l'adversaire</u>

1. « Si la pauvreté existait seulement parce que les riches accaparent, comment expliques-tu que la pauvreté mondiale ait chuté alors que les riches sont devenus plus riches ? »
2. « Pourquoi les pays où il y a le plus de milliardaires ne sont pas les plus pauvres, mais souvent les plus développés ? »
3. « Tu crois que la richesse est une tarte fixe, ou que l'innovation peut l'agrandir ? »
4. « Tu veux supprimer les riches... mais tu comptes sur qui pour investir et créer des emplois derrière ? »

La pauvreté n'est pas la conséquence directe de la richesse des autres. C'est un problème complexe, lié à l'éducation, à l'économie, aux choix politiques. Accuser "les riches" d'accaparement, c'est un slogan qui fait vibrer une manif, mais qui ne résout rien.

# « Le travail doit être partagé pour lutter contre le chômage. »

C'est le credo qui revient à chaque crise : s'il n'y a pas assez d'emplois, il suffit de diviser le travail en tranches égales, et tout le monde aura sa part. Une vision façon gâteau d'anniversaire : on coupe en parts égales, et chacun repart avec une assiette.

## Pourquoi cette idée séduit ?

Parce qu'elle semble logique et "juste". Moins d'heures par personne = plus de postes pour tous. On l'a vendue comme ça pour justifier la réduction du temps de travail, notamment avec les 35 heures. Ça flatte le sentiment d'équité : mieux vaut travailler tous un peu que laisser certains sur le carreau.

## Le problème de ce raisonnement

L'économie ne fonctionne pas comme un gâteau fixe. Le travail ne se "partage" pas, il se crée. Réduire artificiellement le temps de travail n'augmente pas mécaniquement le nombre d'emplois. Exemple concret : après l'instauration des 35 heures en France, le chômage n'a pas disparu, loin de là. On a juste augmenté les coûts et complexifié l'organisation des entreprises.

Ensuite, moins de temps travaillé = moins de productivité par salarié = plus de charges pour l'employeur. Résultat : certaines entreprises n'embauchent pas, voire délocalisent. Le remède finit par aggraver le mal.

De plus, ce raisonnement oublie un détail : l'innovation. Avec l'automatisation, la robotisation et le numérique, la richesse ne dépend plus uniquement du nombre d'heures travaillées. On peut produire plus avec moins. Donc vouloir "partager" les heures comme au siècle dernier, c'est ignorer la dynamique réelle du marché.

Enfin, dans les pays où on travaille plus (États-Unis, Corée du Sud, Japon), il y a paradoxalement moins de chômage qu'en France. Comme quoi, le "partage" n'est pas la baguette magique promise.

Questions qui désarçonnent

1. « Si partager le travail réduisait le chômage, pourquoi les 35 heures n'ont pas fait disparaître le chômage en France ? »
2. « Tu crois vraiment que l'économie, c'est un gâteau fixe, et pas une machine qui peut grossir ? »
3. « Pourquoi les pays où on travaille plus ont souvent moins de chômage ? »
4. « Si on réduit encore le temps de travail, on fait quoi quand les entreprises s'en vont à cause des coûts ? »

Partager le travail comme on partage une pizza est une illusion. Le chômage ne se combat pas en coupant les heures de tout le monde, mais en créant de l'activité, de l'innovation et des entreprises compétitives.

## « L'État devrait interdire les licenciements. »

Voilà une proposition qui revient régulièrement dans les manifs et les débats télé. L'idée est simple : si on empêche les patrons de licencier, plus personne ne se retrouvera au chômage. Sur le papier, ça ressemble à un monde parfait.

### Pourquoi cette idée séduit ?

Parce qu'elle flatte un besoin de sécurité absolue. Personne n'aime l'incertitude de l'emploi, et entendre qu'on pourrait être protégé à vie, quoi qu'il arrive, a de quoi rassurer. Ça donne aussi l'image d'un État tout-puissant qui veille sur les travailleurs face aux méchants patrons.

### Le hic qu'on passe sous silence

Un emploi n'est pas un droit magique tombé du ciel : c'est le résultat d'une activité économique rentable. Si une entreprise ne peut pas s'adapter, réduire ses effectifs ou fermer une branche, elle risque de disparaître complètement. Interdire les licenciements, c'est condamner des entreprises entières au naufrage… et donc détruire encore plus d'emplois.

Prenons un exemple concret : les grandes entreprises qui ont survécu dans le temps sont celles qui ont su se réorganiser. À l'inverse, bloquer les ajustements, c'est figer l'économie et la condamner à perdre en compétitivité. Résultat : moins d'investissements, moins de créations d'emplois, plus de chômage.

Par ailleurs, si les patrons savent qu'ils ne pourront jamais licencier, crois-moi : ils embaucheront beaucoup moins. L'interdiction des licenciements revient donc à créer une peur de l'embauche. Le chômage augmenterait, et vite.

Enfin, il ne faut pas oublier que tous les licenciements ne sont pas des drames. Certains permettent à une entreprise de se sauver, d'en créer d'autres ailleurs, ou de réorienter ses activités. La flexibilité, bien encadrée, est un moteur de dynamisme économique.

Questions qui retournent le débat

1. « Si on interdit les licenciements, qui sauve les entreprises quand elles perdent de l'argent ? L'État magique ? »
2. « Tu crois qu'un patron va continuer à embaucher s'il sait qu'il ne pourra jamais ajuster ses effectifs ? »
3. « Pourquoi les pays avec plus de flexibilité sur le travail (ex. Danemark) ont moins de chômage que la France ? »
4. « Tu préfères quoi : une entreprise qui licencie 100 personnes pour survivre, ou une entreprise qui ferme et met 1 000 personnes dehors ? »

Interdire les licenciements paraît séduisant, mais c'est une bombe à retardement pour l'économie. Ce n'est pas protéger l'emploi, c'est protéger l'illusion... jusqu'à l'effondrement.

## « Les migrants fuient la guerre, il faut les accueillir. »

C'est l'argument humanitaire par excellence : on ne parlerait pas d'immigration, mais de sauvetage. Face à des familles en détresse, l'émotion prend le pas, et toute critique devient immédiatement inhumaine.

### Pourquoi cet argument touche autant

Parce qu'il joue sur l'empathie et les images fortes : enfants sur les routes, bateaux de fortune, camps de réfugiés. Ça renvoie à une obligation morale : si quelqu'un fuit la guerre, on doit forcément lui tendre la main. C'est un réflexe de compassion, et personne n'aime passer pour celui qui dit "non" à un réfugié.

### Les éléments qu'on oublie volontairement

D'abord, tous les migrants ne fuient pas la guerre. En France, selon le ministère de l'Intérieur, une grande partie des demandes d'asile sont rejetées car elles ne correspondent pas à ce critère : beaucoup viennent pour des raisons économiques, pas parce qu'ils fuient les bombes. En 2022, environ 70 % des demandes d'asile ont été rejetées (Ofpra).

Ensuite, accueillir sans limite au nom de l'humanitaire pose un problème de faisabilité. Les capacités d'un pays ne sont pas infinies : logement, éducation, santé, sécurité. Dire "il faut accueillir" sans se demander combien et comment, c'est condamner le système à exploser.

Autre point : beaucoup de pays voisins des zones de guerre accueillent déjà la majorité des réfugiés. La Jordanie, le Liban ou la Turquie hébergent des millions de Syriens, bien plus que toute l'Europe réunie. La France n'est pas le dernier rempart humanitaire de la planète.

Enfin, il y a une hypocrisie dans l'argument : ceux qui crient le plus fort "il faut accueillir" ne sont pas toujours ceux qui vivent dans les quartiers où ces migrants s'installent. La solidarité est souvent à géométrie variable : généreuse depuis un studio parisien, beaucoup moins sur le terrain.

<u>Questions qui mettent mal à l'aise</u>

1. « Tu sais combien de demandes d'asile sont rejetées chaque année parce qu'elles ne concernent pas des gens qui fuient la guerre ? »
2. « Si tous les migrants fuyaient la guerre, pourquoi viennent-ils aussi de pays stables comme l'Algérie ou le Maroc ? »
3. « Tu accueilles combien de réfugiés chez toi, personnellement ? »
4. « Tu crois qu'un pays a des capacités infinies de logement, de santé et d'éducation ? »

L'accueil des réfugiés de guerre est un devoir moral, oui. Mais l'utiliser comme justification pour toute immigration est une manipulation. On ne peut pas baser une politique migratoire sur l'émotion seule, sans prendre en compte la réalité des chiffres et des capacités.

« Il faut interdire les voitures en ville. »

C'est le slogan préféré des bobos citadins qui se déplacent en vélo électrique subventionné. L'idée est simple : si on enlève les voitures, les villes deviendront des havres de paix, sans pollution ni embouteillages, où les enfants joueront au foot dans la rue comme dans une pub de lessive.

Pourquoi ce discours plaît autant

Parce qu'il joue sur une image séduisante : l'air pur, le silence, les terrasses sans bruit de moteur. Ça flatte le citadin qui rêve d'une ville "verte" sans se demander comment elle fonctionne. Et c'est une promesse facile : tu supprimes un objet (la voiture), et hop, tous les problèmes disparaissent.

La partie que l'on passe sous silence

Interdire les voitures en ville, c'est surtout pénaliser ceux qui en ont le plus besoin : artisans, livreurs, familles avec enfants, personnes âgées. Tout le monde ne peut pas transporter ses courses en trottinette ou emmener ses trois gosses à l'école en vélo cargo.

Ensuite, les alternatives ne sont pas toujours au rendez-vous. Dans beaucoup de villes, les transports en commun sont saturés, chers, ou inexistants en périphérie. Supprimer la voiture sans proposer de solution crédible, c'est condamner les habitants à galérer.

Et puis, rappelons une réalité : la pollution automobile a déjà énormément baissé. Les voitures récentes émettent beaucoup moins qu'il y a 30 ans. Mais cet effort technologique est rarement mentionné : plus simple de diaboliser la voiture que de reconnaître les progrès.

Enfin, l'interdiction pure et simple crée une fracture sociale. Ceux qui habitent le centre, proches des transports, applaudissent. Ceux qui vivent en banlieue ou à la campagne, dépendants de leur voiture, trinquent. En résumé : encore une mesure pensée pour bobos citadins, appliquée à tout le monde.

Questions qui bousculent

1. « Tu crois que le plombier qui transporte son matos peut venir en vélo électrique ? »
2. « Si on interdit les voitures, comment font les familles avec enfants ou les personnes âgées ? »
3. « Tu sais que la pollution automobile a déjà énormément baissé depuis 30 ans ? »
4. « Tu veux vraiment une ville sans voitures… mais pleine de scooters et de camionnettes Amazon ? »

Supprimer totalement la voiture en ville, c'est une utopie simpliste. On peut réduire son usage, favoriser les alternatives, mais l'interdire, c'est pénaliser les plus modestes et compliquer la vie de millions de gens.

## « On devrait tous prendre le vélo. »

Voilà le mantra favori des écolos urbains : finies les voitures, finies les motos, tout le monde en selle ! Avec ça, plus de bouchons, plus de pollution, juste des pistes cyclables remplies de citoyens heureux qui pédalent vers un monde meilleur.

### Pourquoi ce discours séduit

Parce qu'il est simple, écolo et un peu nostalgique. Le vélo renvoie à l'image d'une mobilité douce, accessible, bonne pour la santé et la planète. Ça flatte aussi la bonne conscience : à chaque coup de pédale, on a l'impression de sauver le climat.

### Ce que ce slogan oublie complètement

Tout le monde ne peut pas faire du vélo. Entre les distances trop longues, les conditions météo, l'âge, les contraintes familiales ou professionnelles… le vélo n'est pas une solution universelle. Un livreur peut pédaler, oui, mais un maçon avec ses outils ? Une maman avec trois enfants et les courses de la semaine ? Beaucoup moins.

Ensuite, la France, ce n'est pas que Paris ou Lyon. Dans les zones rurales ou périurbaines, sans voiture, tu ne vas nulle part. Les trajets domicile-travail dépassent souvent 20 km, pas vraiment l'idéal pour une petite balade quotidienne.

Et même en ville, l'infrastructure n'est pas toujours adaptée. Les pistes cyclables sont limitées, parfois dangereuses, et la cohabitation avec voitures, bus et scooters peut vite tourner au chaos. On ne transforme pas une société complexe en Amsterdam du jour au lendemain.

Enfin, le vélo n'est pas "zéro pollution" : il faut produire les cadres, les pneus, et surtout les batteries pour les vélos électriques. Ce n'est pas comparable à une voiture, certes, mais ce n'est pas non plus magique.

Questions qui font réfléchir

1. « Tu crois qu'un ouvrier qui habite à 25 km de son chantier peut faire l'aller-retour à vélo tous les jours ? »
2. « Tu imagines une famille de 5 personnes ramener les courses du mois sur deux vélos ? »
3. « Si le vélo est la solution miracle, pourquoi même les villes équipées continuent-elles d'avoir des embouteillages ? »
4. « Tu sais que la production des vélos électriques nécessite aussi des métaux rares et polluants ? »

Le vélo est une excellente alternative pour certains trajets courts, en ville, et pour ceux qui peuvent. Mais en faire une solution universelle est une utopie. La vraie mobilité durable, c'est un mix : voitures propres, transports en commun efficaces... et oui, vélos, mais pas pour tout le monde.

# « Il faut déconstruire le patriarcat. »

C'est devenu la formule magique des milieux féministes radicaux et des plateaux télé. Tout problème de société – inégalités salariales, violences conjugales, manque de femmes dans les conseils d'administration, voire réchauffement climatique – serait le fruit d'un grand coupable invisible : le patriarcat. Et pour régler tout ça ? Il faudrait le "déconstruire", c'est-à-dire... eh bien, personne n'explique jamais vraiment comment.

<u>Pourquoi cette idée séduit</u>

Parce qu'elle désigne un ennemi global, simple à comprendre et très pratique. Si tout est la faute du patriarcat, les individus n'ont plus besoin de se poser de questions sur leurs propres choix, leurs responsabilités ou leurs différences. Ça soulage : plus besoin de chercher des causes multiples et complexes, on a trouvé LE responsable.

C'est aussi un discours qui flatte une posture morale. Celui qui dit "il faut déconstruire le patriarcat" se place automatiquement du bon côté de l'histoire, aux côtés des opprimés, face aux "méchants hommes blancs hétéros". Difficile de contredire sans passer pour un macho arriéré.

<u>Ce que ça occulte totalement</u>

D'abord, la France n'est pas l'Afghanistan. Oui, il existe encore des inégalités, des injustices et des comportements sexistes. Mais parler de patriarcat comme d'un système omniprésent qui oppresse les femmes de façon organisée, c'est une caricature. Dans les faits, les femmes ont aujourd'hui les mêmes droits que les hommes en matière de vote, de travail, d'éducation, d'héritage. Ce n'est pas un patriarcat institutionnalisé, mais des problèmes résiduels qu'il faut traiter au cas par cas.

Ensuite, beaucoup de différences pointées comme "preuves du patriarcat" viennent d'autres causes. Exemple : les écarts de salaire. Souvent cités à 25 %, ils tombent à environ 5 % à poste équivalent, expérience égale et temps de travail comparable (INSEE). La différence est réelle, mais largement moins spectaculaire que ce que certains slogans laissent croire.

De plus, la "déconstruction du patriarcat" est un concept flou. Concrètement, ça veut dire quoi ? Interdire les familles traditionnelles ? Forcer les femmes à être PDG plutôt qu'infirmières si elles le souhaitent ? Effacer toute différence biologique et culturelle entre hommes et femmes ? Derrière les beaux mots, on tombe vite dans l'idéologie rigide.

Enfin, prétendre que tout est patriarcal, c'est contre-productif. Si on transforme chaque difficulté vécue par une femme en preuve d'oppression structurelle, on infantilise les individus et on les prive de leur responsabilité personnelle. Or, la vraie égalité, c'est aussi reconnaître la liberté de choix – y compris quand les choix ne plaisent pas aux militants.

<u>Questions qui grippent la machine</u>

1. « Tu peux me donner une définition claire et concrète du patriarcat aujourd'hui en France ? »
2. « Si tout est patriarcat, pourquoi les écarts de salaire fondent quand on compare les mêmes postes et la même expérience ? »
3. « Les femmes qui choisissent des métiers différents des hommes, c'est du patriarcat… ou juste de la liberté ? »
4. « Déconstruire le patriarcat, ça veut dire quoi exactement : abolir les couples, les familles, les différences biologiques ? »

## « Le racisme systémique explique tout. »

C'est devenu le joker des militants antiracistes radicaux. Un échec scolaire ? Racisme systémique. Une difficulté à trouver un emploi ? Racisme systémique. Un contrôle de police ? Racisme systémique. Bref, la société entière serait structurée pour opprimer certaines minorités, et tout ce qui leur arrive de négatif viendrait de là.

Pourquoi cette idée séduit

Parce qu'elle offre une explication simple à des problèmes complexes. Ça rassure : si ma vie est difficile, ce n'est pas ma faute, ni celle de facteurs multiples, mais celle d'un "système" invisible et oppressif. Et ça donne une posture morale : si tu contestes cette vision, tu passes immédiatement pour un complice du racisme.

Ce que cette théorie occulte complètement

D'abord, le racisme existe, personne ne le nie. Mais le qualifier de "systémique", c'est dire qu'il est inscrit dans toutes les institutions et qu'il explique absolument tout. Or, les faits ne collent pas à cette caricature.

En France, la loi interdit explicitement toute discrimination raciale. Les administrations, les concours, l'école, la santé… n'ont rien d'un apartheid. Au contraire, des politiques publiques (bourses, quotas, programmes de diversité) cherchent à corriger les inégalités. Difficile de dire que le système est conçu pour discriminer quand il multiplie les mesures pour favoriser l'inclusion.

Ensuite, expliquer tous les écarts par le racisme systémique est paresseux intellectuellement. Les différences de réussite s'expliquent aussi par le niveau d'éducation, la situation sociale, la langue, la culture familiale, l'intégration.

Réduire tout à une seule cause, c'est fermer la porte à toute analyse sérieuse.

Autre point : certains groupes immigrés réussissent mieux que la moyenne. Les Asiatiques, par exemple, sont surreprésentés dans les filières d'excellence. Si le "système" était raciste contre toutes les minorités, comment expliquer ces réussites ?
Enfin, parler de racisme systémique, c'est parfois une façon de déresponsabiliser les individus. Tout devient la faute du système, jamais des choix personnels. C'est une logique victimaire qui empêche d'avancer.

Questions qui dérangent

1. « Si le racisme est systémique, pourquoi la loi française interdit-elle explicitement toute discrimination raciale ? »
2. « Comment expliques-tu que certaines minorités réussissent très bien dans ce "système raciste" ? »
3. « Est-ce que mettre toutes les difficultés sur le compte du racisme ne déresponsabilise pas complètement les individus ? »
4. « Tu peux me citer une institution française où la loi impose de discriminer les minorités ? »

Le racisme existe, bien sûr. Mais dire qu'il est systémique et qu'il explique tout, c'est refuser de voir la complexité des réalités sociales. C'est un slogan commode, pas une analyse sérieuse.

## « Il faut annuler la dette des pays pauvres. »

C'est un slogan qu'on entend souvent lors des G7 ou des grandes conférences internationales. Présenté comme un acte de justice morale : les pays riches devraient effacer l'ardoise des pays pauvres, pour enfin "réparer" des siècles d'inégalités et de colonialisme.

<u>Pourquoi ça séduit</u>

Parce que ça donne l'image d'un geste noble et altruiste. Qui pourrait être contre l'idée d'alléger la souffrance des pays les plus fragiles ? En apparence, c'est une solution simple et généreuse : on efface les chiffres sur un tableau Excel, et hop, les pays pauvres peuvent enfin respirer.

<u>Ce que ça oublie complètement</u>

D'abord, beaucoup de pays pauvres ont déjà bénéficié d'allègements massifs de dette. Par exemple, dans les années 2000, l'initiative PPTE (Pays Pauvres Très Endettés) a effacé des dizaines de milliards de dettes. Résultat ? Dans certains cas, la mauvaise gestion, la corruption et les conflits ont recréé de nouvelles dettes.

Ensuite, la dette n'est pas seulement une charge, c'est aussi un contrat. Elle permet d'accéder à des financements internationaux, de bénéficier de la confiance des marchés et de développer des projets. Annuler la dette, sans réforme derrière, c'est souvent encourager les gouvernements à replonger : "puisqu'on me sauvera encore, je peux mal gérer."

Autre problème : annuler la dette ne règle rien aux causes profondes de la pauvreté. Mauvaises gouvernances, guerres civiles, corruption endémique, infrastructures inexistantes… Si ces problèmes persistent, même un pays "débarrassé" de sa dette restera bloqué.

Enfin, il y a une hypocrisie flagrante : les pays riches qui parlent d'annuler la dette... continuent de commercer de façon déséquilibrée, de piller certaines ressources ou de fermer leurs marchés aux produits africains. Autrement dit : on efface une ardoise d'un côté, mais on garde les verrous de l'autre.

Questions qui bousculent

1. « Tu sais que des dizaines de milliards ont déjà été effacés dans les années 2000 ? Pourquoi certains pays sont quand même retombés dans l'endettement ? »
2. « Si on annule la dette sans réformer la gouvernance, tu crois que la corruption disparaît comme par magie ? »
3. « Tu penses que la dette est le seul frein au développement, ou que les guerres et la mauvaise gestion pèsent davantage ? »
4. « Si annuler la dette rend riche, pourquoi certains pays bénéficiaires n'ont pas décollé depuis 20 ans ? »

Annuler la dette des pays pauvres peut sembler généreux, mais ce n'est pas une baguette magique. Sans réformes structurelles et bonne gouvernance, ça revient à effacer une facture... avant d'en recevoir une nouvelle.

# « L'Afrique est pauvre parce que la France pille ses ressources. »

C'est l'argument favori des militants tiers-mondistes. Si l'Afrique ne décolle pas, ce n'est pas à cause de ses dirigeants, de ses guerres civiles ou de ses systèmes corrompus : c'est parce que la France vampirise ses richesses. Le coupable est désigné : "Françafrique".

<u>Pourquoi cette explication séduit</u>

Parce qu'elle donne un responsable unique et extérieur. Ça évite de regarder les responsabilités locales : corruption endémique, dictatures, clientélisme. Accuser la France, c'est plus simple que d'expliquer pourquoi des pays aussi riches en pétrole, en uranium ou en diamants restent pauvres pendant que leurs élites roulent en 4x4 blindés.

<u>Ce que ce discours occulte</u>

D'abord, la France n'a plus le contrôle économique qu'elle avait dans les années 60-70. Aujourd'hui, les premiers partenaires de l'Afrique sont... la Chine, les États-Unis et la Turquie. Si l'Afrique est "pillée", ce n'est plus par Paris, mais par une multitude d'acteurs, dont ses propres élites.

Ensuite, les pays riches en ressources ne sont pas forcément pauvres. La Norvège vit du pétrole et c'est un modèle de prospérité. Le Botswana, grâce à ses diamants, est devenu un pays stable et relativement prospère. Donc, les ressources en elles-mêmes ne condamnent pas à la pauvreté : c'est leur gestion qui fait la différence.

En réalité, l'Afrique souffre surtout de la "malédiction des ressources" : quand un pays dépend trop de ses matières premières, ça nourrit la corruption, les conflits armés et la mauvaise gouvernance. Ce n'est pas Paris qui siphonne les budgets de santé ou détourne les aides internationales : ce sont souvent les dirigeants locaux.

Enfin, les transferts financiers sont loin d'être à sens unique. Les pays africains reçoivent chaque année des milliards d'aides publiques au développement, sans compter les envois de fonds des diasporas (plus de 100 milliards de dollars par an selon la Banque mondiale). Dire que la France "pille" sans rien donner en retour est un raccourci facile.

Questions qui mettent mal à l'aise

1. « Si la France est responsable, pourquoi la Chine est aujourd'hui le premier investisseur en Afrique ? »
2. « Comment expliques-tu que certains pays riches en ressources comme la Norvège ou le Botswana prospèrent, alors que d'autres sombrent ? »
3. « Tu crois que c'est Paris qui détourne les aides et remplit les comptes en Suisse des présidents africains ? »
4. « Si la France arrête complètement ses activités économiques en Afrique, tu penses que ça règlera les problèmes de corruption et de gouvernance ? »

Accuser la France d'être la cause unique de la pauvreté africaine est un slogan commode, mais réducteur. Oui, il y a eu des abus historiques. Mais aujourd'hui, les vrais freins au développement se trouvent dans la gouvernance, la corruption et la dépendance économique.

# « La pauvreté explique la délinquance. »

C'est un argument qui revient sans cesse : si certains jeunes volent, dealent ou agressent, c'est parce qu'ils sont pauvres. La délinquance serait donc une conséquence mécanique de la misère sociale. Pas besoin de parler d'éducation, de culture ou de responsabilité individuelle : tout serait une question de portefeuille.

Pourquoi ce discours plaît

Parce qu'il offre une excuse "scientifique" à la délinquance. Ça permet de transformer un problème moral et sécuritaire en problème économique. Du coup, la solution paraît simple : il suffirait de donner plus d'argent et tout rentrerait dans l'ordre.

La faille énorme dans ce raisonnement

Si la pauvreté suffisait à expliquer la délinquance, alors les zones rurales françaises, souvent très pauvres, seraient les plus criminogènes. Or, c'est l'inverse.

Prenons un exemple concret : la Creuse, l'un des départements les plus pauvres de France, avec un revenu médian d'environ 19 000 € par an, soit bien en dessous de la moyenne nationale (INSEE). Pourtant, c'est aussi l'un des départements les plus calmes : le taux de criminalité y est parmi les plus bas du pays.

À l'inverse, certaines banlieues de grandes villes, où le revenu médian est parfois supérieur à celui de la Creuse grâce aux aides sociales, connaissent une délinquance explosive : trafics, agressions, violences urbaines. Là, la pauvreté n'explique plus grand-chose.

La réalité, c'est que la délinquance dépend aussi de facteurs culturels, familiaux, éducatifs et communautaires.

Réduire tout à l'argent, c'est ignorer la responsabilité individuelle et l'influence de l'environnement.

Questions qui déstabilisent

1. « Si la pauvreté expliquait la délinquance, pourquoi la Creuse n'est pas devenue Chicago ? »
2. « Tu penses que les paysans pauvres du Cantal sont moins pauvres que les dealers de banlieue ? »
3. « Comment expliques-tu que des quartiers où l'on touche RSA, APL et allocations aient plus de violence que les campagnes pauvres ? »
4. « Tu crois que le problème, c'est seulement le revenu, ou aussi la culture de l'impunité et du trafic ? »

La pauvreté peut aggraver certaines situations, mais elle n'explique pas la délinquance à elle seule. Si c'était le cas, la Creuse serait une zone de non-droit. La criminalité, c'est aussi (et surtout) une question de culture, d'éducation et de choix.

## « Les inégalités hommes-femmes sont partout. »

C'est devenu un refrain automatique : où que l'on regarde – salaire, politique, sport, vie domestique – on verrait toujours une domination masculine omniprésente. Le monde serait une immense machine patriarcale où chaque femme naît désavantagée par défaut.

<u>Pourquoi cette idée séduit</u>

Parce qu'elle s'appuie sur une intuition simple : oui, dans certains domaines, les femmes sont moins représentées (PDG, élus, hauts gradés). Et comme les chiffres "bruts" montrent souvent des écarts, on les interprète aussitôt comme la preuve d'une injustice structurelle. Ça donne un récit clair : la société serait uniformément sexiste.

<u>Ce que ça évacue complètement</u>

D'abord, les chiffres sont plus nuancés qu'on le croit. L'écart de salaire souvent cité à 25 % tombe à environ 5 % à poste, expérience et temps de travail équivalents (INSEE). Autrement dit : il existe encore un petit différentiel à corriger, mais on est loin de la caricature d'une exploitation généralisée.

Ensuite, certaines différences relèvent de choix personnels. Beaucoup de femmes privilégient des métiers liés au social, à l'éducation ou à la santé, souvent moins rémunérateurs mais plus compatibles avec une vie familiale. À l'inverse, les métiers les plus lucratifs (ingénierie, finance, industrie lourde) restent davantage investis par les hommes. Est-ce du sexisme systémique... ou simplement des préférences différentes ?

Par ailleurs, il existe aussi des domaines où ce sont les hommes qui sont désavantagés : échec scolaire (les garçons décrochent plus que les filles), surmortalité au travail (90 % des accidents mortels concernent des hommes), espérance de vie inférieure, garde des enfants souvent perdue lors des divorces. Curieusement, on en parle beaucoup moins.

Enfin, dire que les inégalités sont "partout" est une façon d'exagérer pour rester dans le registre militant. Oui, il reste des combats à mener, mais transformer chaque différence en injustice, c'est infantiliser les femmes et nier leurs réussites.

<u>Questions qui piquent</u>

1. « Si les inégalités hommes-femmes sont partout, comment expliques-tu que les filles réussissent mieux que les garçons à l'école ? »
2. « Tu sais que 90 % des morts au travail sont des hommes ? C'est une inégalité ou ça compte pas ? »
3. « Si tout est sexiste, même les choix de carrière, est-ce qu'on respecte encore la liberté individuelle ? »
4. « Tu crois qu'une femme qui choisit d'être infirmière plutôt qu'ingénieure est victime… ou actrice de son destin ? »

Oui, il existe encore des écarts et des injustices à corriger. Mais affirmer que les inégalités hommes-femmes sont "partout", c'est transformer chaque statistique en slogan et refuser de voir la complexité des choix, des contextes et même des inégalités inverses.

## "Il faut désarmer la police."

Voilà une revendication qu'on entend de plus en plus : réduire voire supprimer les armes chez les forces de l'ordre pour éviter les bavures. L'idée est puissante parce qu'elle parle au cœur — si on enlève les armes, plus d'armes = moins de morts. Simple et moralement séduisant.

<ins>Ce qui rend cette proposition attirante</ins>

C'est une image forte et juste : moins d'armes, moins de morts. Face à des cas réels de tirs controversés, la tentation est grande de proposer la solution la plus radicale. En plus, ça sonne cohérent avec d'autres demandes : désescalade, priorité aux services sociaux, et moins de militarisation des quartiers. Qui peut être contre moins de violence ?

<ins>Pourquoi la décrocher sans nuance pose problème</ins>

La réalité opérationnelle est plus complexe. La police a deux missions principales : protéger la population et protéger elle-même ses agents. Dans certaines interventions (prise d'otage, attaques armées, terrorisme), la présence d'armes capables de neutraliser une menace immédiate est parfois ce qui sauve des vies. Débarrasser la police de tout équipement létal sans alternative crédible, c'est risquer d'exposer civils et agents à des dangers accrus.

Par ailleurs, désarmer ne règle pas le problème de fond qui motive souvent la demande : manque de formation, impunité et mauvaises pratiques. Beaucoup d'études et de rapports montrent que la question n'est pas seulement l'existence des armes, mais la culture, la formation au contrôle de soi, la proportionnalité de la force et les mécanismes de responsabilisation. Investir uniquement sur la dépossession des armes, c'est traiter le symptôme, pas la maladie.

Enfin, il y a des alternatives pragmatiques : démilitarisation (moins d'équipements de type militaire), généralisation des caméras corporelles, formation au désescalade, recours accru à des unités non armées (agents de médiation, assistantes sociales, équipes de santé mentale) pour certains types d'appels, et renforcement des procédures indépendantes d'enquête. Ce sont des options qui réduisent les risques sans laisser la société sans réponse face aux menaces armées réelles.

<u>Questions à poser pour pousser la précision</u>

1. « Quand tu dis "désarmer", tu entends quoi exactement : pas de pistolets, pas d'armes létales pour les patrouilles, ou interdiction totale même pour les unités anti-terroristes ? »
2. « Qui intervient quand il y a un forcené armé ou une prise d'otages si la police est désarmée ? Tu comptes sur qui ? »
3. « Tu proposes quelles garanties pour éviter que des groupes criminels ne se retrouvent seuls armés pendant qu'on désarme la police ? »

<u>Ce qu'on peut proposer de concret à la place</u>

- Démilitariser les patrouilles : moins de véhicules blindés, moins d'armes lourdes en routine.
- Renforcer la sélection et la formation (désescalade, maîtrise du stress, gestion du trauma).
- Caméras corporelles systématiques et enquêtes indépendantes rapides en cas de tir.
- Sanctions claires et transparentes en cas d'abus, pour restaurer la confiance.

Ces mesures réduisent réellement le nombre d'incidents violents sans laisser la population vulnérable.

## « Afficher le drapeau français, c'est raciste. »

Voilà un raccourci qui s'est imposé ces dernières années : brandir le drapeau tricolore ne serait plus un signe de fierté nationale, mais un marqueur d'extrême droite. Dans certains milieux militants, il est même suspect d'avoir un drapeau chez soi ou sur son balcon.

<u>Pourquoi ce discours séduit certains</u>

Parce qu'il assimile l'identité nationale à l'exclusion. Le raisonnement est simple : si tu es fier de ton pays, c'est que tu considères les autres comme inférieurs. Résultat : on transforme un symbole républicain, utilisé aussi bien à la Révolution qu'à la libération de 1945, en accessoire "facho". C'est efficace pour délégitimer l'attachement à la France.

<u>Ce que cette idée occulte complètement</u>

Le drapeau français n'appartient pas à un camp politique. C'est le symbole de la République, celui qui flotte sur les écoles, les mairies et les bâtiments publics. Le réduire à une idéologie, c'est effacer son histoire commune.

Ensuite, afficher le drapeau n'est pas synonyme d'exclusion. Dans la plupart des pays du monde — États-Unis, Italie, Japon, Brésil — montrer son drapeau est un signe normal de patriotisme, pas une preuve de racisme. Pourquoi ce qui est banal ailleurs deviendrait suspect en France ?

De plus, ceux qui hurlent au "racisme" oublient que le drapeau tricolore a aussi accompagné les luttes anticoloniales, les résistances locales, les mouvements sociaux. Il n'est pas qu'un symbole d'État, mais aussi de peuple.

Enfin, accuser de racisme celui qui brandit le drapeau, c'est souvent une façon de culpabiliser les Français qui veulent encore croire en une identité nationale commune. C'est confondre fierté nationale et haine de l'autre, ce qui n'a rien à voir.

## Questions qui font mouche

1. « Si afficher le drapeau français est raciste, tu expliques comment les milliers de Français d'origine étrangère qui le brandissent pendant la Coupe du monde ? »
2. « Dans quel autre pays brandir son drapeau est suspect ? Tu dirais aux Américains ou aux Italiens qu'ils sont racistes parce qu'ils l'accrochent partout ? »
3. « Tu crois vraiment que les soldats qui ont libéré la France en 1944 agitaient le drapeau... par racisme ? »
4. « Tu veux remplacer le drapeau français par quoi, un drap blanc ? »

Afficher le drapeau français n'est pas raciste, c'est un signe d'appartenance à une communauté nationale. C'est justement ce qui permet de vivre ensemble, au-delà des origines. Ceux qui veulent le diaboliser confondent volontairement patriotisme et extrémisme.

## « Il faut légaliser le cannabis. »

C'est un des mantras préférés des bobos et des militants libertaires : si on légalise, tout ira mieux. Moins de trafics, plus de recettes fiscales, et la société deviendrait plus "cool", presque californienne. Un joint à la main, la paix dans le monde.

Pourquoi cette idée plaît tant

Parce qu'elle vend du rêve... littéralement. On transforme un problème complexe en solution miracle. La légalisation serait censée réduire la criminalité, remplir les caisses de l'État et libérer la police pour d'autres missions. Ça donne l'impression d'un "win-win" facile et moderne.

Ce que ce raisonnement oublie complètement

D'abord, les expériences étrangères montrent que la légalisation ne supprime pas le marché noir. Au Canada, par exemple, près de 40 % du cannabis est encore vendu illégalement plusieurs années après la légalisation (StatCan). Pourquoi ? Parce que le marché officiel est plus cher et moins flexible.

Ensuite, le cannabis n'est pas une substance anodine. Des études médicales montrent que sa consommation régulière augmente les risques de troubles psychotiques, d'anxiété et de perte de motivation. Et contrairement à la légende urbaine, ce n'est pas seulement "moins dangereux que l'alcool" : les effets à long terme, notamment chez les jeunes, sont bien réels.

Autre point : légaliser n'efface pas les problèmes sociaux. Les cités ne vont pas se reconvertir en start-up de CBD du jour au lendemain. Les trafics se déplacent vers d'autres drogues (cocaïne, crack) ou s'organisent pour contourner les règles légales.

Enfin, l'argument fiscal est un mirage. Oui, l'État pourrait taxer le cannabis, mais à quel prix social ? Dépenser ensuite des milliards pour soigner les conséquences sanitaires et sociales, ce n'est pas exactement un jackpot.

Questions qui désarçonnent

1. « Si légaliser supprimait le trafic, pourquoi y a-t-il encore un marché noir énorme au Canada ou en Californie ? »
2. « Tu connais les chiffres sur les risques psychiatriques du cannabis, surtout chez les ados ? »
3. « Tu crois vraiment que les dealers vont se reconvertir en gérants de coffee-shop avec comptabilité BIC-IS ? »
4. « Tu veux que l'État gagne de l'argent en créant plus de malades ? »

La légalisation du cannabis est une solution séduisante sur le papier, mais elle ne règle pas les problèmes de fond : santé publique, marché noir, violence dans les cités. C'est une promesse simpliste qui oublie les effets secondaires.

# « Le multiculturalisme est le seul modèle possible. »

C'est l'argument massue des partisans de l'immigration sans limites : il n'y aurait qu'un seul avenir pour nos sociétés, celui du vivre-ensemble façon catalogue Benetton. Refuser le multiculturalisme, ce serait être "fermé", "arriéré", voire carrément raciste.

Pourquoi ça séduit

Parce que ça sonne moderne et généreux. Le multiculturalisme est présenté comme une fête permanente des cultures : un couscous le lundi, une samba le mardi, un Bollywood le mercredi. C'est l'utopie "tout le monde il est beau, tout le monde il est gentil" appliquée aux sociétés.

Ce que ce discours évacue totalement

D'abord, multiculturel ne veut pas dire harmonieux. Plusieurs pays qui ont tenté ce modèle ont dû revoir leur copie. Le Royaume-Uni a reconnu dès 2011, par la voix de David Cameron, que le multiculturalisme avait "échoué" : au lieu d'intégrer, il a encouragé les communautés à vivre séparées, parfois en opposition avec les valeurs du pays. L'Allemagne d'Angela Merkel a tenu le même discours : le multiculturalisme a produit du communautarisme, pas de l'unité.

Ensuite, l'histoire de la France repose plutôt sur l'assimilation que sur le multiculturalisme. L'idée, c'est que chacun, quelle que soit son origine, peut devenir Français à part entière — mais en adoptant un socle commun (langue, lois, valeurs républicaines). C'est ce qui a permis à plusieurs vagues d'immigration de s'intégrer, des Italiens aux Portugais, sans transformer la France en patchwork communautaire.

Autre point : dire que c'est "le seul modèle possible", c'est une manière d'interdire le débat. Or, il existe plusieurs modèles :

- L'assimilation (France historique).
- Le communautarisme (Royaume-Uni, USA).
- Le melting-pot contrôlé (Canada, Australie).
- 

Chacun a ses avantages et ses échecs. Affirmer qu'un seul modèle est "possible", c'est dogmatique.

Enfin, la coexistence de cultures ne pose pas problème... tant qu'il y a un ciment commun. Sinon, ce n'est pas du multiculturalisme, c'est du morcellement. Et une société fragmentée devient vite instable.

<u>Questions qui déstabilisent</u>

1. « Si le multiculturalisme marche si bien, pourquoi Merkel et Cameron ont reconnu publiquement son échec ? »
2. « Tu confonds multiculturalisme et diversité : la diversité existe sans communautarisme, non ? »
3. « Si chacun vit dans sa communauté sans partager une langue ou des valeurs, tu appelles ça une nation... ou un puzzle ? »
4. « Tu crois vraiment que l'assimilation française qui a fonctionné pendant un siècle était du multiculturalisme ? »

La diversité est une réalité, mais le multiculturalisme comme modèle unique est une illusion. Ce qui fait tenir une société, ce n'est pas la juxtaposition de communautés, mais un projet commun qui dépasse les origines.

## « Il faudrait encadrer les loyers. »

C'est l'une des propositions fétiches de la gauche : si les loyers sont trop chers, il suffit de mettre un plafond. Problème réglé, les locataires respirent, et les "méchants propriétaires" ne s'en mettent plus plein les poches.

Pourquoi ça plaît tant

Parce que ça donne une solution simple à un problème réel. Oui, les loyers sont parfois exorbitants dans les grandes villes. Alors, promettre qu'un petit décret va tout arranger, ça rassure. Ça flatte aussi le réflexe "Robin des Bois" : prendre aux riches propriétaires pour aider les locataires.

Ce que ça oublie soigneusement

L'encadrement des loyers ne crée pas de logements. Pire : il décourage l'investissement locatif. Quand un propriétaire voit qu'il ne peut pas couvrir ses charges ou dégager une rentabilité minimale, il préfère vendre plutôt que louer. Résultat : moins d'offres, donc... plus de tension et au final plus de difficultés pour trouver un logement.

Les exemples parlent d'eux-mêmes :

- À Berlin, un encadrement strict instauré en 2020 a entraîné... une baisse de l'offre et une explosion du marché parallèle (sous-locations, arrangements illégaux). Le tribunal constitutionnel a fini par annuler la loi en 2021.
- En France, l'encadrement existe déjà à Paris et à Lille. Bilan : beaucoup de propriétaires préfèrent retirer leur bien du marché classique ou passer par la location saisonnière type Airbnb. Les locataires voient moins d'annonces, et la file d'attente s'allonge.

Autre oubli : les loyers ne flambent pas par magie. Ils reflètent la pénurie de logements, liée à la bureaucratie, aux normes, aux recours juridiques interminables et au manque de construction. Attaquer le prix sans régler la pénurie, c'est comme mettre un couvercle sur une cocotte-minute : ça finit par exploser ailleurs.

Questions qui déstabilisent

1. « Si encadrer les loyers marchait, pourquoi Berlin l'a abandonné après un fiasco ? »
2. « Tu crois que les propriétaires vont continuer à louer s'ils perdent de l'argent ? »
3. « Si on bloque les loyers mais qu'on ne construit pas plus de logements, on loge les gens où ? »
4. « Tu veux protéger les locataires actuels ou permettre aussi aux nouveaux d'entrer sur le marché ? »

Encadrer les loyers peut sembler séduisant à court terme, mais c'est un trompe-l'œil. Ça soulage quelques locataires déjà en place, mais ça pénalise tout le monde sur le long terme en raréfiant l'offre. Le vrai remède, c'est construire plus et simplifier les règles, pas bricoler les prix.

## « Il faut plus de fonctionnaires. »

C'est la réponse automatique à chaque problème : hôpital saturé ? Plus de fonctionnaires. École en difficulté ? Plus de fonctionnaires. Transports en retard ? Plus de fonctionnaires. Comme si ajouter des agents était l'équivalent administratif du "versez de l'eau, ça calmera l'incendie".

<u>Pourquoi cette idée séduit</u>

Parce qu'elle donne l'impression d'une solution immédiate et visible. Plus de personnel = plus de services. Et ça flatte aussi une certaine vision idéologique : l'État comme super-héros, toujours présent, toujours plus gros. Refuser l'embauche massive de fonctionnaires, c'est passer pour quelqu'un qui "n'aime pas le service public".

<u>Ce que ça évacue complètement</u>

D'abord, la France est déjà championne en la matière : plus de 5,6 millions de fonctionnaires, soit environ un emploi sur cinq dans le pays (INSEE). On est au-dessus de la moyenne européenne. Pourtant, malgré cet effectif colossal, on continue de voir des services publics en souffrance. Preuve que le problème n'est pas seulement la quantité.

Ensuite, ajouter des fonctionnaires = ajouter des dépenses permanentes. Or, la France a déjà un déficit public chronique (près de 5,5 % du PIB en 2024) et une dette qui frôle les 3 100 milliards d'euros (Ministère des Finances). Promettre toujours plus d'embauches, c'est creuser encore le trou, sans garantie d'efficacité.

Autre point : ce n'est pas le nombre qui compte, mais l'organisation. Dans l'hôpital, par exemple, le problème n'est pas seulement le manque de personnel médical, mais aussi la bureaucratie envahissante. On a des armées d'administratifs pendant que les soignants manquent de moyens.

Embaucher "plus de fonctionnaires" indistinctement, c'est risquer de multiplier les paperasseurs plutôt que les infirmières.

Enfin, on oublie que certains pays avec moins de fonctionnaires fonctionnent mieux. La Suisse, par exemple, a une administration beaucoup plus légère mais souvent plus efficace. La clé, ce n'est pas "toujours plus", mais "mieux cibler et mieux gérer".

<u>Questions qui coincent</u>

1. « Tu sais combien de fonctionnaires on a déjà en France ? Plus de 5,6 millions, un record européen. Tu veux vraiment battre un record du monde ? »
2. « Si plus de fonctionnaires = meilleurs services, comment expliques-tu les hôpitaux saturés et l'école en crise malgré déjà des effectifs énormes ? »
3. « Tu veux les payer comment, ces fonctionnaires supplémentaires : en augmentant la dette ou les impôts ? »
4. « Ce n'est pas le nombre qui compte : tu préfères 10 agents efficaces... ou 100 qui passent leur temps à remplir des formulaires ? »

Dire qu'il faut "plus de fonctionnaires", c'est un réflexe pavlovien. Mais le vrai problème de la France n'est pas la quantité, c'est la gestion, l'organisation et l'efficacité. On n'a pas besoin d'un État obèse, mais d'un État qui fonctionne.

# Conclusion

Félicitations, survivant !

Si tu es arrivé jusqu'ici, c'est que tu as tenu bon face à 51 clichés, slogans et autres perles gauchistes. Tu as désormais l'équivalent d'un couteau suisse argumentatif : prêt à dégainer au prochain dîner, barbecue ou débat improvisé avec ton collègue qui trouve que "le capitalisme, c'est le mal".

Mais attention : ce manuel n'est qu'un début. Car, tu l'auras remarqué, les clichés gauchistes sont comme les champignons : ils repoussent partout, surtout là où on ne les attend pas.

Et c'est là que tu entres en jeu.

Si tu veux un Tome 2, aide-moi à l'écrire !

Comment participer ?

- File sur la page Amazon de ce livre.
- Dans les commentaires, balance-moi les phrases gauchistes les plus clichés que tu entends autour de toi.
- Plus elles sont absurdes, plus elles ont des chances d'apparaître dans le prochain volume.

Un petit clin d'œil pour finir

Si tu hésites encore, rappelle-toi :

- Chaque avis laissé sur Amazon, c'est un militant écolo de moins qui colle une affiche "Interdisez les voitures".
- Et chaque cliché que tu m'envoies, c'est une punchline de plus pour déstabiliser ton oncle Jean-Mi au repas de Noël.

<u>Alors fonce : commente, propose, et prépare-toi... car le Tome 2 risque d'être encore plus saignant.</u>

Les bobos n'ont qu'à bien se tenir !

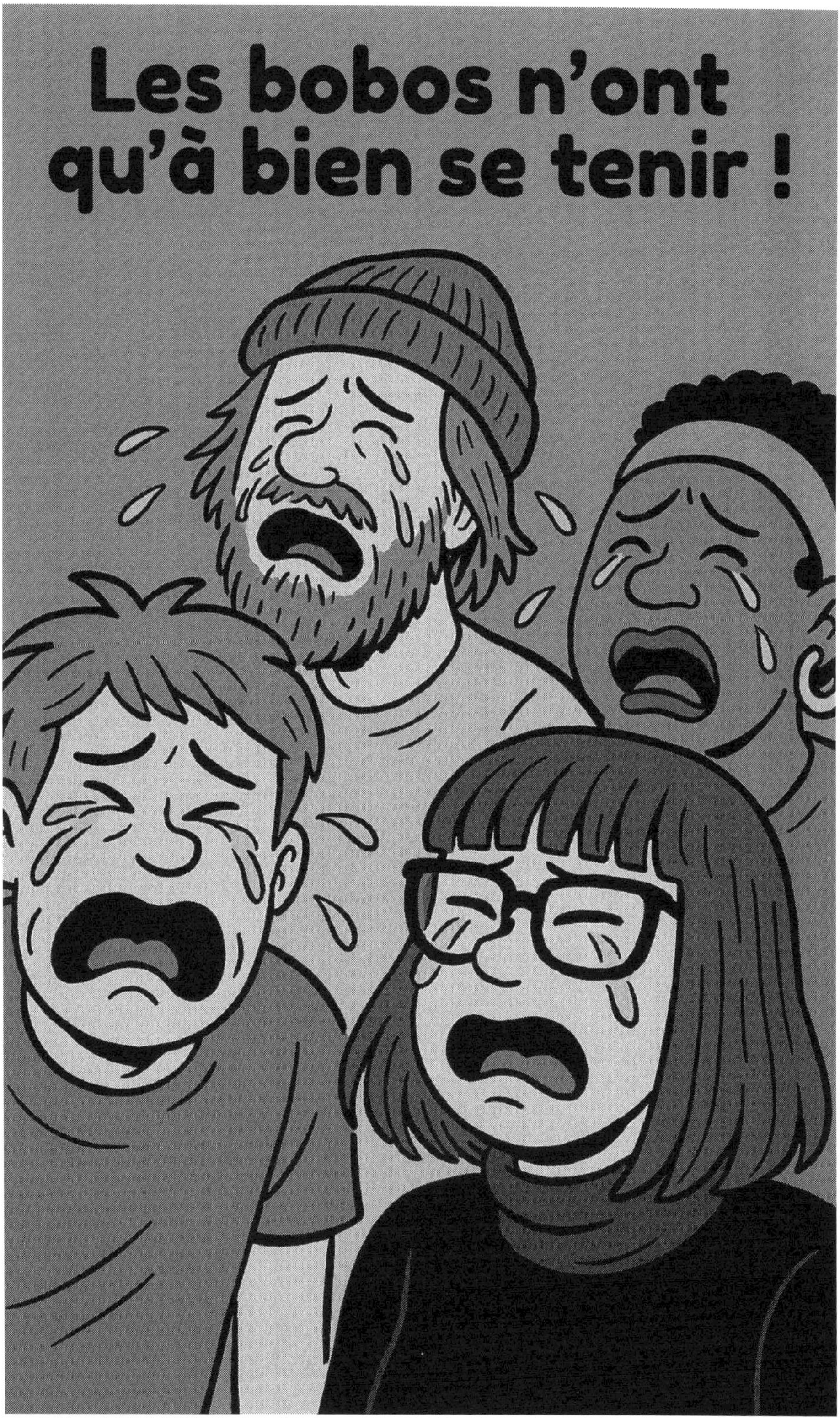

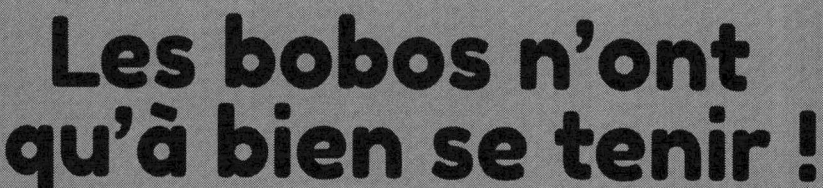

Printed in France by Amazon
Brétigny-sur-Orge, FR